FOOD PORN

REZEPTE UND FOODSTYLING
RAIK HOLST & TORSTEN SCHMIDT

FOTOGRAFIE
JAN KORNSTAEDT

FOOD PORN

Hölker Verlag

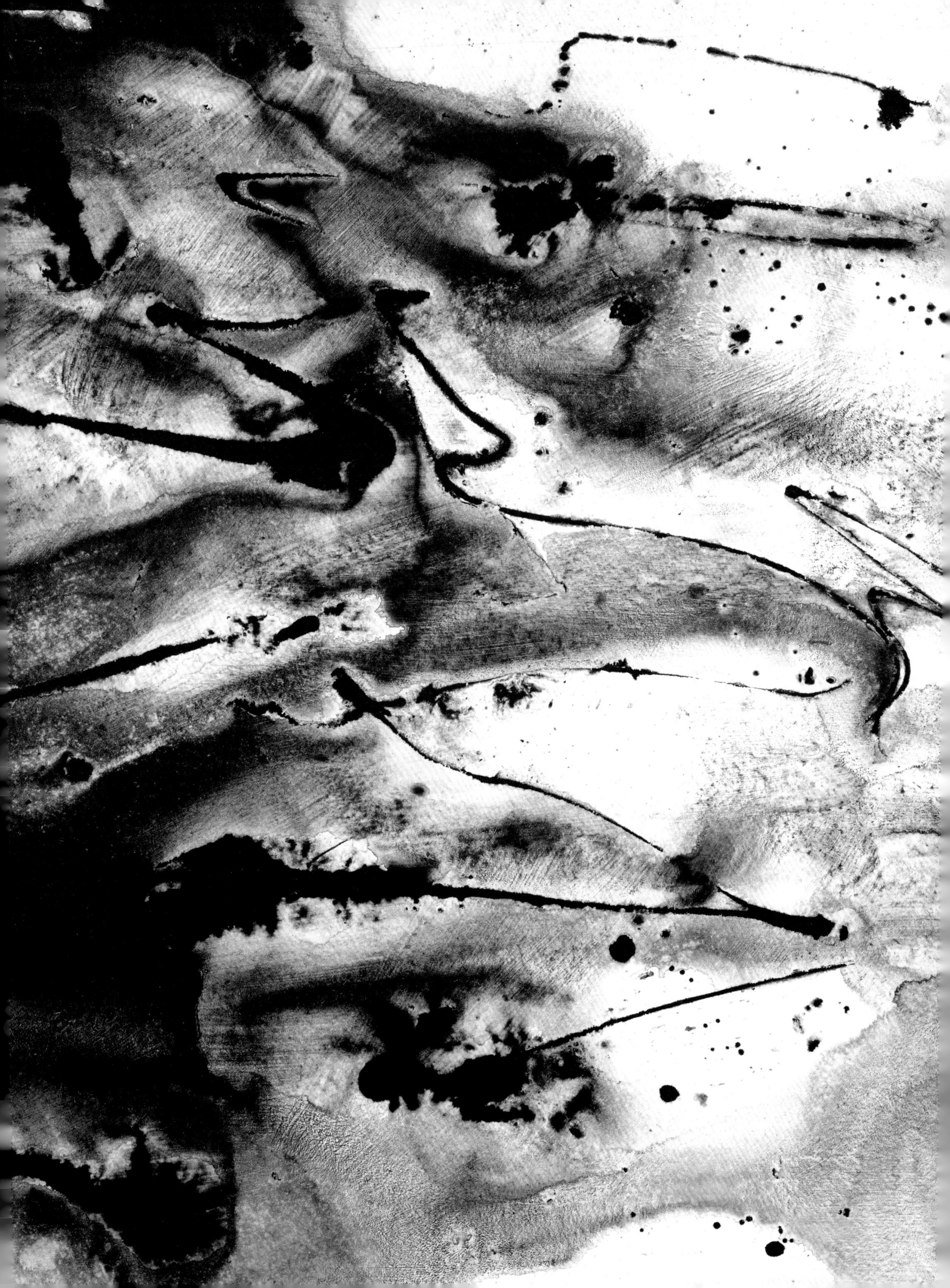

VORSPIEL

PANZANELLA MIT **PAPRIKA** UND **SARDINEN**

FÜR 2 PERSONEN

160 g Baguette
2 rote Spitzpaprika
1 Knoblauchzehe
7 EL Olivenöl
1 Zweig Thymian
Salz
frisch gemahlener Pfeffer
200 g kleine bunte Kirschtomaten
1 kleine rote Zwiebel
1 Stange Staudensellerie mit Blattgrün
4 Kapernäpfel
1 kleines Bund Basilikum
3 EL Rotweinessig

AUSSERDEM
ca. 600 ml neutrales Pflanzenöl zum Frittieren
8 küchenfertige Sardinen

Den Backofen auf 180 °C vorheizen. Das Brot in Stücke reißen und auf ein Backblech legen. Paprika putzen, halbieren und von Samen und Scheidewänden befreien. Knoblauch schälen und halbieren. 3 Esslöffel Olivenöl mit Paprika, Knoblauch und Thymian zum Brot geben. Alles mit Salz und Pfeffer würzen, gut vermengen und für ca. 20 Minuten in den Ofen schieben. Das Brot sollte anschließend kross und die Paprika gegart sein.

In der Zwischenzeit die Tomaten waschen und halbieren. Die Zwiebel schälen und in Spalten schneiden. Staudensellerie putzen und in Scheiben schneiden, die Blättchen beiseitelegen. Kapernäpfel in Scheiben schneiden, Basilikum waschen, trocken schütteln und die Blättchen abzupfen. Tomaten, Sellerie und Zwiebel in eine Schüssel geben und mit Salz und Pfeffer würzen. Den Essig zugeben und das Gemüse ca. 5 Minuten ziehen lassen.

Dann das restliche Olivenöl sowie Basilikum- und Sellerieblättchen untermischen und alles mit dem ausgekühlten Brot und den halbierten Paprika vermengen. Den Panzanella noch einmal ca. 10 Minuten ziehen lassen.

Das Öl in der Fritteuse oder in einem Topf auf 170 °C erhitzen. Die Sardinen darin in ca. 2 Minuten kross ausbacken, auf Küchenpapier abtropfen lassen, mit Salz und Pfeffer würzen und auf dem Brotsalat anrichten.

SPARGEL-ERDBEER-SALAT
MIT GRÜNEM PFEFFER

Den Spargel putzen, von den unteren holzigen Enden befreien, bei Bedarf schälen und 1–2 Minuten in kochendem Wasser blanchieren. Dann unter kaltem Wasser abschrecken, mit Küchenpapier trocken tupfen und nach Belieben in mundgerechte Stücke schneiden.

Die Erdbeeren putzen, halbieren und mit dem Spargel mischen. Die Limette waschen, trocken tupfen und die Schale fein abreiben. Die Frucht halbieren und den Saft auspressen. Limettensaft und -abrieb mit der Spargel-Erdbeer-Mischung vermengen.

Pfefferbeeren und Sternanise mit einem Messer grob zerdrücken. Zusammen mit Olivenöl und Essig unter den Salat mischen. Mit Salz und Pfeffer abschmecken.

FÜR 2 PERSONEN

250 g grüner Spargel
10 frische Erdbeeren
1 Bio-Limette
6 g grüne Pfefferbeeren
2 Sternanise
3 EL Olivenöl
1 Schuss roter Essig
Salz
frisch gemahlener Pfeffer

SALAT AUS **WASSERMELONE,** BUNTEN **TOMATEN,** KRÄUTERN UND **FETA**

FÜR 2–4 PERSONEN

FÜR DEN SALAT

1 kleine Wassermelone (ca. 500 g)
1 grüne Tomate
1 gelbe Tomate
200 g Fetakäse
1 kleines Bund Schnittlauch
½ Bund glatte Petersilie
½ Bund Estragon

FÜR DIE VINAIGRETTE

3 EL Olivenöl
4 EL Rotweinessig
1 TL schwarze Bohnen (Dose)
Saft von ½ Bio-Limette
2 TL schwarzer Sesam
Salz
frisch gemahlener Pfeffer

Für den Salat die Melone schälen, entkernen und in ca. 4 cm große Würfel schneiden. Die Tomaten putzen und in Scheiben schneiden. Den Feta mit Küchenpapier trocken tupfen und in grobe Stücke brechen. Die Kräuter waschen und trocken schütteln, dann grob auseinanderzupfen und vermengen.

Für die Vinaigrette alle Zutaten in einer Schüssel vermischen und mit Salz und Pfeffer abschmecken.

Melone, Tomaten und Feta vorsichtig mit einem Großteil der Vinaigrette vermengen. Die Kräutermischung mit der übrigen Vinaigrette anmachen und auf dem Melonen-Tomaten-Salat anrichten.

ZUCCHINIBLÜTEN IN CURRY-TEMPURA MIT **ORANGEN-VINAIGRETTE**

FÜR 4 PERSONEN

FÜR DIE ZUCCHINIBLÜTEN
8 Zucchiniblüten
100 g Speisestärke
100 g Weizenmehl (Type 405)
1 EL Currypulver
270 ml eiskaltes Wasser
1 Ei
Salz
frisch gemahlener Pfeffer

FÜR DIE ORANGEN-VINAIGRETTE
1 Orange
20 g Ingwer, geschält und gehackt
1 TL schwarze Sesamsamen
5 EL Olivenöl
4 EL Rotweinessig
1 TL Fenchelsamen
2 TL Honig

AUSSERDEM
ca. 600 ml neutrales Pflanzenöl zum Frittieren

Die Zucchiniblüten vorsichtig in stehendem Wasser waschen, abtropfen lassen und trocken tupfen. Die Blütenblätter behutsam aufklappen und die Blütenstempel herausdrehen.

Stärke, Mehl und Currypulver in eine Schüssel geben. Langsam das Wasser unterrühren, bis eine glatte Teigmasse entsteht. Zum Schluss das Ei untermischen. Den Teig 10 Minuten ziehen lassen.

Die Orange waschen, trocken tupfen und mit einem Zestenreißer schälen (alternativ die Schale mit einem Messer in feine Streifen schneiden). Die Orangenzesten beiseitelegen. Mit einem scharfen Messer die Filets herausschneiden und in eine Schüssel geben. Aus dem restlichen Fruchtfleisch mit der Hand den Saft auspressen und ebenfalls zufügen. Gehackten Ingwer, Sesam, Olivenöl, Essig, Fenchel und Honig zugeben. Alles gut verrühren und die Vinaigrette ein paar Minuten ziehen lassen.

Das Öl in einen Topf geben und auf 170 °C erhitzen. Die Zucchiniblüten durch den Tempurateig ziehen und im heißen Öl in 2–3 Minuten goldbraun frittieren. Auf Küchenpapier entfetten.

Die frittierten Blüten mit Salz und Pfeffer würzen, mit der Vinaigrette und den Orangenzesten anrichten und sofort servieren.

AUSTERN MIT GRAPEFRUITGRANITA UND **KAFFEECRUNCH**

FÜR 2 PERSONEN

100 g brauner Zucker
1 Bio-Limette
3 Grapefruits
10 g Basilikumblättchen
2 TL Kaffeebohnen
6 Austern (Fines de Claire)
frisch gemahlener Pfeffer

Den braunen Zucker mit 150 Milliliter Wasser in einem kleinen Topf aufkochen, bis sich der Zucker vollständig aufgelöst hat. Die Limette waschen, trocken tupfen und die Schale fein abreiben. Limette und Grapefruits halbieren und auspressen. Die Saftmischung mit dem Abrieb in das Zuckerwasser rühren.

Den Topfinhalt in eine Schüssel umfüllen und so lange rühren, bis die Flüssigkeit abgekühlt ist. Dann die Basilikumblättchen hacken und zugeben. Alles in einen flachen Behälter füllen und in 4–5 Stunden im Tiefkühlfach gefrieren lassen. Die Granitamasse zwischendurch immer wieder mit einem Löffel durchrühren. Sie soll eine stückige Struktur bekommen.

Die Kaffeebohnen im Mörser grob zerstoßen.

Die Austern gründlich waschen, trocken tupfen und mit einem Austernmesser vorsichtig aufbrechen (dabei am besten Handschuhe tragen!). Mit einem Pinsel die restlichen Schalenstücke entfernen und das Austernfleisch mit Pfeffer würzen.

Die fertige Granita aus dem Gefrierfach nehmen und nochmals mit einem Löffel durchmengen.
Dann ca. 1 Esslöffel Granita in jede Auster geben und den Kaffeecrunch darüberstreuen.

SCHARFER **KAKI-AVOCADO-SALAT** MIT KNUSPRIGEM **REISBLATT**

Für den Salat die Kaki waschen, vom Stielansatz befreien und in Scheiben schneiden. Avocado halbieren und das Fruchtfleisch auslösen. Papaya schälen, von Kernen befreien und wie die Avocado längs in Scheiben schneiden. Den Staudensellerie putzen, die Blättchen abzupfen. Die Stangen schräg in Stücke schneiden und mit Kaki, Avocado und Papaya in eine Schüssel geben.

Die Chili putzen, fein hacken und mit den Cashewkernen und den Sellerieblättern unter den Salat mischen. Zum Schluss die Limetten mit einem scharfen Messer schälen und filetieren. Die Limettenfilets vorsichtig unterheben.

Für das Dressing die Tomate putzen und fein würfeln. Mit Sojasoße, Zitronensaft, Olivenöl und Reisessig mischen und mit Salz und Pfeffer würzen. Das Dressing mit dem Salat vermengen.

Für die Reisblätter das Öl in einer breiten Pfanne erhitzen. Die Blätter darin frittieren, bis sie weiß werden und aufgehen. Currypulver, Fenchel, Koriander, Kreuzkümmel und Salz im Mörser fein zerstoßen. Die gebackenen Reisblätter damit würzen und zum Salat servieren.

FÜR 2–4 PERSONEN

FÜR DEN SALAT
1 Kaki
1 Avocado
½ Papaya
2 Stangen Staudensellerie mit Blattgrün
1 rote Chilischote
1 EL Cashewkerne
2 Bio-Limetten

FÜR DAS DRESSING
1 Tomate
2 EL Sojasoße
Saft von 1 Bio-Zitrone
3 EL Olivenöl
2 EL Reisessig
Salz
frisch gemahlener Pfeffer

FÜR DIE REISBLÄTTER
ca. 300 ml neutrales Pflanzenöl
4 Reisblätter
½ TL Currypulver
1 TL Fenchelsamen
1 TL Koriandersamen
1 TL Kreuzkümmelsamen
1 Prise Meersalz

CEVICHE VON DER DORADE MIT KORIANDER UND GRANATAPFEL

FÜR 2 PERSONEN

1 küchenfertige Dorade (ca. 500 g)
1 kleines Bund Koriander
1 kleiner Granatapfel
2 Bio-Limetten
1 rote Chilischote
1 EL Sojasoße
1 EL Olivenöl

AUSSERDEM
Krupuk (Krabbenchips) nach Belieben
Sojasoße und Limettensaft zum Beträufeln

Die Dorade unter kaltem Wasser abspülen, trocken tupfen und filetieren. Die Filets von Haut und Gräten befreien. Den Koriander waschen, trocken schütteln und die Blättchen abzupfen. Den Granatapfel vierteln und grob auseinanderbrechen.

1 Limette waschen, trocken tupfen und die Schale fein abreiben. Beide Früchte auspressen. Limettensaft und -abrieb in eine flache Schüssel füllen. Chili putzen, in feine Ringe schneiden und zusammen mit der Sojasoße unterrühren.

Die Filets in 1 cm dicke Stücke schneiden und für ca. 1 Stunde in die Limettenmischung legen, abdecken und im Kühlschrank marinieren lassen. Anschließend den Limettensaft abgießen und die Filetstücke vorsichtig mit Koriander und Olivenöl vermengen.

Ceviche mit Krupuk und Granatapfel anrichten und mit Sojasoße und frischem Limettensaft beträufelt servieren.

KRÄUTERSALAT MIT **ROHEN** UND **FRITTIERTEN PILZEN**

Die Pilze putzen. Krause Glucke in kleine Stücke brechen, Steinpilze in dünne Scheiben schneiden.
Die büschelig gewachsenen Zitronen- und Rosenseitlinge grob auseinanderbrechen.
Die Kräuter waschen, trocken schütteln und die Blättchen abzupfen. Die Hälfte der Kräuter fein hacken. Rote-Bete-Blätter und Wasabisalat waschen und trocken schleudern. Schalotte und Knoblauch schälen und fein würfeln. Die Tomate putzen und ebenfalls fein würfeln.

Olivenöl in einem Topf erhitzen und die Schalotten- und Knoblauchwürfel darin glasig dünsten. Dann Tomate, Zitronenabrieb, Fenchel und Zucker zugeben und kurz weiterbraten. Die Mischung mit Essig ablöschen und mit Brühe auffüllen. Alles um die Hälfte einkochen lassen, anschließend die gehackten Kräuter und den Senf zugeben und das Dressing mit Salz und Pfeffer würzen.

Weißwein, Mehl, Currypulver und Olivenöl zu einem glatten Teig verrühren. Mit Salz und Pfeffer würzen und 30 Minuten quellen lassen.

Die übrigen Kräuter, Wasabisalat, Rote-Bete-Blätter, Steinpilze und Krause Glucke vorsichtig mit dem Dressing marinieren und anrichten.

Zum Frittieren das Öl in einer Fritteuse oder einem Topf auf 170 °C erhitzen. Die Rosen- und Zitronenseitlinge durch den Ausbackteig ziehen, abtropfen lassen und goldbraun ausbacken. Die frittierten Pilze auf dem marinierten Salat anrichten.

FÜR 2 PERSONEN

50 g Krause Glucke
je 100 g Steinpilze, Zitronenseitlinge und Rosenseitlinge
je 1 kleines Bund Zitronenmelisse, glatte Petersilie, Basilikum und Estragon
6 junge Rote-Bete-Blätter
1 Bund Wasabisalat (alternativ Rucola)
1 Schalotte
1 Knoblauchzehe
1 Tomate
2 EL Olivenöl
Abrieb von 1 Bio-Zitrone
1 TL Fenchelsamen
1 TL Zucker
1 EL Rotweinessig
100 ml Gemüsebrühe
1 TL Senf

AUSSERDEM
Salz
frisch gemahlener Pfeffer
100 ml trockener Weißwein
50 g Mehl
1 TL Currypulver
1 EL Olivenöl
ca. 600 ml neutrales Pflanzenöl zum Frittieren

JAPANISCHE MAKRELE
MIT INGWER UND ZITRONENGRAS

FÜR 2 PERSONEN

1 rote Zwiebel
50 g Ingwer
1 Bio-Limette
1 rote Chilischote
100 ml Sojasoße
3 EL Rotweinessig
2 EL Olivenöl
2 Stängel Zitronengras
5 g Wakame-Algen (Asialaden)
360 g küchenfertige Makrelenfilets
1 kleines Bund frischer Koriander

AUSSERDEM

Sojasoße zum Bepinseln
Wasabi nach Belieben
frische Korianderblätter zum Garnieren

Zwiebel und Ingwer schälen. Die Limette waschen, die Chili putzen. Alle vorbereiteten Zutaten in Ringe bzw. Scheiben schneiden und in einen Topf geben. Mit 600 Milliliter Wasser, Sojasoße, Essig und Olivenöl auffüllen. Das Zitronengras waschen, längs halbieren und mit den Algen zugeben. Den Fond einmal aufkochen, dann auf ca. 70 °C herunterkühlen lassen.

Die Makrelenfilets unter kaltem Wasser abspülen. Mit der Hautseite nach oben in eine tiefe Auflaufform legen. Den Koriander waschen, die Blättchen abzupfen und ein paar zum Garnieren beiseitelegen. Die restlichen Blättchen auf die Filets legen. Den heißen Fond darübergießen, alles mit Frischhaltefolie abdecken und ca. 4 Stunden ziehen und auskühlen lassen.

Die Makrelenfilets aus dem Fond nehmen, die Hautseite mit Sojasoße bepinseln und die Filets in ca. 1 cm dicke Scheiben schneiden. Zusammen mit den Zwiebelringen, Limetten- und Ingwerscheiben sowie den Algen anrichten und mit Wasabi und frischem Koriander garnieren.

VITELLO TONNATO MIT GRÜNEM SPARGELSALAT

FÜR 2 PERSONEN

FÜR DAS VITELLO TONNATO
400 g Kalbsrücken am Stück
neutrales Pflanzenöl zum Braten
2 rote Zwiebeln
1 Knoblauchzehe
2 Zweige Rosmarin
2 Zweige Thymian
2 Lorbeerblätter
8 Basilikumblättchen
1 EL Salzkapern

FÜR DIE SOSSE
8 EL Olivenöl
150 g Thunfisch
1 EL Kapern
1 TL Senf
1 EL Mayonnaise
4 EL Weißweinessig
Saft und Abrieb von 1 Bio-Zitrone

FÜR DEN SPARGELSALAT
6 Stangen grüner Spargel
4 Kirschtomaten
1 EL brauner Zucker
1 Schuss Weißwein
½ rote Chilischote
Salz
frisch gemahlener Pfeffer

Den Backofen auf 170 °C vorheizen. Den Kalbsrücken auf der Hautseite kreuzweise einschneiden. Etwas Öl in einer Pfanne erhitzen und das Fleisch darin von allen Seiten knusprig anbraten. Zwiebeln schälen, vierteln und zugeben. Knoblauch leicht andrücken und mit Rosmarin, Thymian und Lorbeer ebenfalls zufügen. Alles ein paar Minuten mitbraten.

Den Kalbsrücken mit den Kräutern auf ein Backblech setzen und für ca. 50 Minuten in den Ofen schieben. Das Fleisch soll anschließend eine Kerntemperatur von 55 °C haben. Den fertig gegarten Kalbsrücken herausnehmen und 10 Minuten ruhen lassen.

Für die Soße Öl, Thunfisch, Kapern, Senf, Mayonnaise und Essig im Mixer fein pürieren. Dann Zitronensaft und -abrieb untermischen.

Für den Salat den Spargel putzen, von den unteren holzigen Enden befreien, bei Bedarf schälen und die Stangen halbieren. Die Kirschtomaten waschen und ebenfalls halbieren. Den Zucker in einer Pfanne karamellisieren, den Spargel zugeben und mit Weißwein ablöschen. Dann Kirschtomaten und die halbe Chili zufügen. Alles mit Salz und Pfeffer würzen und ein paar Minuten leicht köcheln lassen. Der Spargel soll anschließend noch bissfest sein.

Den Spargelsalat anrichten. Das Fleisch in dünne Scheiben schneiden und darauf verteilen. Das Vitello tonnato mit Soße beträufeln, mit grob zerzupftem Basilikum und Salzkapern bestreuen und servieren.

GEBEIZTER LACHS MIT FRISCHEN KRÄUTERN UND LIMETTE

FÜR 4–6 PERSONEN

4 g Wacholderbeeren
2 g gelbe Senfkörner
2 g Fenchelsamen
2 g Koriandersamen
2 Pimentkörner
je 1 kleines Bund krause Petersilie, Basilikum und Dill
je ½ kleines Bund Minze und Koriander
2 Bio-Limetten
1 Knoblauchzehe
50 g brauner Zucker
30 g Meersalz
100 ml Olivenöl
1 kg küchenfertiges Lachsfilet

Die Gewürze in einer Pfanne trocken anrösten und anschließend im Mörser grob zerstoßen. Die frischen Kräuter waschen, trocken schütteln und die Blättchen grob hacken. Die Limetten waschen, trocken tupfen und in dünne Scheiben schneiden. Den Knoblauch schälen und ebenfalls in dünne Scheiben schneiden.

Zucker, Salz, Olivenöl, zerstoßene Gewürze, gehackte Kräuter sowie Limetten- und Knoblauchscheiben in eine Schüssel geben und gut vermengen.

Das Lachsfilet mit der Hautseite nach unten auf ein Blech legen. Die Beize gleichmäßig auf dem Filet verteilen, alles mit Frischhaltefolie abdecken und im Kühlschrank ca. 24 Stunden marinieren lassen. Anschließend die Beize entfernen und den Lachs dünn aufschneiden.

KÜRBISSUPPE MIT INGWER UND CURRY

Den Kürbis waschen, den oberen Deckel abschneiden. Das Fruchtfleisch auslösen und in grobe Stücke schneiden. Die Kerne entfernen, den ausgehöhlten Kürbis aufbewahren.

Schalotten und Ingwer schälen und in kleine Würfel schneiden. Beides mit dem braunen Zucker in einem Topf karamellisieren. Dann mit Essig ablöschen. Knoblauch schälen, fein hacken und mit Currypulver und den Kürbisstücken zugeben. Den Gemüsefond zugießen und den Kürbis in ca. 25 Minuten weich kochen.

Anschließend die Sahne zugeben und alles fein pürieren. Die Suppe mit Salz, Pfeffer und Muskat würzen.

Die Wildkräuter mit Limettensaft und Olivenöl marinieren. Die Suppe im ausgehöhlten Kürbis anrichten, mit Kürbiskernöl und Kürbiskernen garnieren und mit dem Wildkräutersalat servieren.

FÜR 2 PERSONEN

1 kleiner Kürbis (Chamälion- oder Hokkaidokürbis)
3 Schalotten
20 g Ingwer
1 EL brauner Zucker
3 EL Apfelessig
2 Knoblauchzehen
2 TL Currypulver
500 ml Gemüsefond
200 ml Sahne
Salz
frisch gemahlener Pfeffer
frisch geriebene Muskatnuss

AUSSERDEM
ca. 1 Handvoll Wildkräutersalat
Saft von 1 Limette
2 EL Olivenöl
ca. 2 EL Kürbiskernöl und 1–2 EL Kürbiskerne zum Garnieren

SCHWARZWURZELN UND STAUDENSELLERIE MIT PORTULAK UND FRISCHEM **MEERRETTICH**

FÜR 2 PERSONEN

4 Schwarzwurzeln
1 ½ Bio-Zitronen
4 Stangen Staudensellerie
Salz
frisch gemahlener Pfeffer
1 Stängel Salbei
1 Zweig Rosmarin
7 EL Olivenöl
30 g Portulak
10 g frisch geriebener Meerrettich
1 Schuss Rotweinessig
2 TL schwarzer Sesam

Die Schwarzwurzeln gut waschen und schälen. Eine flache Schüssel mit Wasser füllen und den Saft von ½ Zitrone zugeben. Die Schwarzwurzeln sofort in das Zitronenwasser legen, damit sie nicht braun werden. Den Staudensellerie putzen.

Den Backofen auf 170 °C vorheizen. Schwarzwurzeln trocken tupfen und mit dem Staudensellerie nebeneinander auf ein Backblech legen. Beides mit Salz und Pfeffer würzen. Salbei und Rosmarin abbrausen, trocken schütteln und nach Belieben grob hacken. Die Kräuter auf dem Gemüse verteilen. Dann 4 Esslöffel Olivenöl gleichmäßig darüberträufeln. Das Blech mit Alufolie abdecken und für ca. 45 Minuten in den Ofen schieben.

In der Zwischenzeit Portulak waschen und trocken schleudern, dann mit dem geriebenen Meerrettich in einer Schüssel vermengen. Die übrige Zitrone waschen und trocken tupfen. Die Schale fein abreiben und in die Schüssel geben. Die Zitrone halbieren, den Saft auspressen und mit dem restlichen Olivenöl ebenfalls zugeben. Den Portulak-Meerrettich-Salat gut vermengen und mit Salz und Pfeffer abschmecken.

Schwarzwurzeln und Staudensellerie aus dem Ofen nehmen. Die Alufolie entfernen und 1 guten Schuss Essig über das heiße Gemüse geben. Den Portulak-Meerrettich-Salat locker auf dem gebackenen Gemüse verteilen und mit Sesam bestreuen.

SARDINENSPIESSE MIT KARTOFFELSTREIFEN UND THYMIAN

Gewürze und Kaffeebohnen im Mörser zerstoßen, dann den Limettenabrieb zugeben und alles gut vermischen.

Sardinen waschen und vorsichtig ausnehmen. Die Kartoffel schälen, waschen und trocken tupfen. Dann mit einem Sparschäler möglichst lange Streifen herunterschälen. Den Thymian abbrausen und trocken schütteln.

Die Sardinen auf die Holzspieße stecken, darauf die Thymianzweige legen. Alles mit den Kartoffelstreifen umwickeln, dabei die Enden der Streifen aufspießen und befestigen.

Das Olivenöl in einer Pfanne erhitzen. Die angedrückte Knoblauchzehe sowie das Currypulver anschwitzen, dann die Zitronenscheiben zugeben und ein paar Minuten anbraten.

Das Öl in einer Fritteuse oder einem Topf auf 180 °C erhitzen und die Sardinenspieße darin in ca. 2 Minuten knusprig ausbacken. Anschließend sofort mit der Würzmischung bestreuen. Die Spieße zusammen mit den Zitronenscheiben anrichten und servieren.

FÜR 2 PERSONEN

1 TL Koriandersamen
1 TL Meersalz
1 TL Fenchelsamen
¼ Zimtstange
12 Kaffeebohnen
Abrieb von ½ Bio-Limette
8 Sardinen
1 große festkochende Kartoffel (ca. 180 g)
8 Thymianzweige
4 EL Olivenöl
1 Knoblauchzehe
1 TL Currypulver
1 Bio-Zitrone, in ca. 1 cm dicken Scheiben

AUSSERDEM

8 lange Holzspieße
ca. 600 ml neutrales Pflanzenöl zum Frittieren

OFENTOMATEN MIT BÜFFELMOZZARELLA UND VANILLE

FÜR 2 PERSONEN

- 4 Tomaten (am besten bunte Sorten)
- Meersalz
- frisch gemahlener Pfeffer
- 10 EL Olivenöl
- 2 Zweige Rosmarin
- 2 Zweige Thymian
- 1 Büffelmozzarella
- 2 EL Zucker
- 100 ml Weißwein
- 2 Vanilleschoten
- 2 Lorbeerblätter
- 4 EL Rotweinessig
- 2 EL Balsamicoessig

Den Backofen auf 180 °C vorheizen. Die Tomaten waschen und halbieren, dann auf ein Backblech setzen und mit Salz und Pfeffer würzen. Ca. 6 Esslöffel Olivenöl über die Tomaten träufeln. Rosmarin und Thymian abbrausen, trocken schütteln, die Nadeln bzw. Blättchen grob hacken und ebenfalls auf den Tomaten verteilen. Das Blech in den Ofen schieben und die Tomaten ca. 25 Minuten schmoren.

Den Büffelmozzarella waschen und trocken tupfen. Dann mit der Hand in mundgerechte Stücke zupfen. Die geschmorten Tomaten aus dem Ofen nehmen, kurz abkühlen lassen, anschließend grob hacken und mit dem Mozzarella vermengen.

Den Zucker in einem Topf karamellisieren und mit Weißwein ablöschen. Die Vanilleschoten längs halbieren und das Mark auskratzen. Vanillemark mit den ausgekratzten Schoten, Lorbeer und beiden Essigsorten zugeben. Alles kurz aufkochen, dann beiseitestellen und abkühlen lassen. Die Vanilleschoten entfernen.

Die abgekühlte Vinaigrette mit dem restlichen Olivenöl mischen, über Tomaten und Mozzarella geben und gut untermengen.

PAPRIKA, TOMATEN, CHILI UND **CALAMARETTI**

Tomaten waschen und halbieren. Paprika halbieren, putzen und von Samen und Scheidewänden befreien. Die Chili ebenfalls putzen. Minze und Thymian abbrausen und trocken schütteln. Die Blättchen abzupfen und mit der Chili grob hacken.

Den Backofen auf 180 °C vorheizen. Szechuanpfeffer, schwarzen Pfeffer, Meersalz und Sesam im Mörser grob zerstoßen. Tomaten, Paprika, etwas Öl, Chili, Kräuter und Gewürze auf einem Backblech grob vermengen. Das Blech für ca. 25 Minuten in den Ofen schieben.

Etwas Öl in einer Pfanne erhitzen. Die Vanilleschoten längs halbieren und zusammen mit den Calamaretti in der heißen Pfanne ca. 2 Minuten scharf anbraten.

Das geschmorte Gemüse aus dem Ofen nehmen und anrichten. Die gebratenen Calamaretti und die Vanilleschoten direkt aus der Pfanne darübergeben. Alles mit Olivenöl und Zitronensaft beträufeln und sofort servieren.

FÜR 2 PERSONEN

2 Strauchtomaten
1 rote Paprikaschote
1 grüne Paprikaschote
1 kleine Chilischote
2 Stängel Minze
2 Zweige Thymian
je 1 TL Szechuanpfeffer, schwarzer Pfeffer, Meersalz und schwarzer Sesam
etwas neutrales Pflanzenöl
2 Vanilleschoten
6 frische küchenfertige Calamaretti
5 EL Olivenöl
Saft von 1 Bio-Zitrone

JAKOBSMUSCHELN
MIT HIMBEEREN

FÜR 2 PERSONEN

2 frische große Jakobsmuscheln in der Schale
1 Frühlingszwiebel
1 Stängel Estragon
8 frische grüne Pfefferbeeren
50 g Butter
½ Zimtstange
2 Sternanise
80 g Himbeeren
Meersalz
Saft von ½ Limette

Die Jakobsmuscheln auslösen. Muschelfleisch und Corail waschen und gründlich trocken tupfen. Die Muschelschalen waschen und aufbewahren.

Frühlingszwiebel putzen und in feine Ringe schneiden. Estragon abbrausen, trocken schütteln und die Blättchen abzupfen. Den grünen Pfeffer grob im Mörser zerstoßen.

Die Butter in einer Pfanne erhitzen und kurz aufschäumen lassen. Jakobsmuscheln, Zimt und Sternanise zugeben und alles 1–2 Minuten anbraten, dabei die Muscheln einmal wenden.

Dann geputzte Himbeeren, Pfeffer, Estragon und Frühlingzwiebel zugeben. Die Mischung mit Salz und Limettensaft abschmecken, noch einmal kurz durchschwenken, in den Muschelschalen anrichten und sofort servieren.

SCHWARZES TATAKI VOM **SEGELFISCH**

FÜR 2 PERSONEN

2 Bio-Limetten
1 Bio-Zitrone
1 kleine Chilischote
400 g Segelfisch-Loins
(alternativ Thunfischfilet in Sushi-Qualität)
etwas neutrales Pflanzenöl zum Braten
80 g schwarzer Sesam
4–5 EL Sojasoße
4 Stängel Koriander

Die Limetten und die Zitrone halbieren, den Saft auspressen und in eine kleine Schüssel geben. Die Chili putzen, fein hacken und untermischen.

Die Segelfisch-Loins in eine hohe, lange Form legen. Mit der Zitrus-Chili-Marinade übergießen und für 1 ½ Stunden in den Kühlschrank stellen. Die Filets alle 20 Minuten in der Marinade wenden.

Anschließend die Loins aus der Form nehmen (die Marinade aufbewahren) und leicht abtupfen. Dann etwas Öl in einer Pfanne erhitzen und den Fisch kurz von allen Seiten gleichmäßig scharf anbraten.

Den Sesam auf einen flachen Teller geben und die Loins darin wälzen, sodass sie rundum mit Sesam bedeckt sind. Den Fisch in daumendicke Stücke schneiden.

Die Marinade mit der Sojasoße mischen. Koriander abbrausen, trocken schütteln, die Blättchen hacken und zugeben. Das Tataki mit der Marinade beträufeln und servieren.

VENUSMUSCHELN MIT GRANATAPFEL UND **ALGEN**

FÜR 2 PERSONEN

400 g Venusmuscheln
10 EL Olivenöl
1 Knoblauchzehe
2 Lorbeerblätter
100 ml trockener Weißwein
1 Granatapfel
60 g Passepierre-Algen (Queller)
2 Bio-Limettenscheiben
Salz
frisch gemahlener Pfeffer
2 TL Currypulver
Saft von 1 Bio-Limette

Die Muscheln verlesen. Geöffnete und beschädigte Muscheln aussortieren, alle anderen gründlich waschen.

3 Esslöffel Olivenöl in einem Topf erhitzen. Muscheln, angedrückten Knoblauch und Lorbeer darin andünsten. Wein angießen und die Muscheln zugedeckt garen, bis alle geöffnet sind. Dann abgießen und noch geschlossene Muscheln entsorgen.

Den Granatapfel halbieren und die Kerne auslösen. Die Passepierre-Algen waschen und kurz blanchieren. Dann abgießen und unter kaltem Wasser abspülen.

Venusmuscheln, Granatapfelkerne, Algen und Limettenscheiben vermengen und mit Salz, Pfeffer und Currypulver würzen. Zum Schluss den Limettensaft und das restliche Olivenöl untermischen.

GEBACKENER FENCHEL MIT TOMATEN, OLIVEN UND PESTO

FÜR 2 PERSONEN

FÜR DEN FENCHEL
2 Fenchelknollen (à 250 g)
250 g Strauchtomaten
2 Stängel Salbei
2 Zweige Thymian
1 Zweig Rosmarin
3 Knoblauchzehen
3 Sternanise
1 TL Fenchelsamen
Abrieb von 1 Bio-Zitrone
2 EL Olivenöl
Meersalz
frisch gemahlener Pfeffer

FÜR DAS PESTO
½ Bund Basilikum
½ Bund krause Petersilie
30 g frisch geriebener Parmesan
5 EL Olivenöl

AUSSERDEM
6 Kapernäpfel
10 Kalamata-Oliven

Für den Fenchel den Backofen auf 180 °C vorheizen. Die Fenchelknollen waschen, längs halbieren und keilförmig die Strünke herausschneiden. Anschließend die Hälften noch einmal längs teilen. Die Tomaten waschen und zusammen mit dem Fenchel auf einem Backblech verteilen.

Salbei, Thymian und Rosmarin abbrausen, trocken schütteln und mit angedrücktem Knoblauch, Sternanisen, Fenchelsamen, Zitronenabrieb und Olivenöl zum Gemüse geben. Alles gut vermengen und mit Salz und Pfeffer würzen. Das Blech für ca. 35 Minuten in den Ofen schieben.

In der Zwischenzeit für das Pesto Basilikum und Petersilie abbrausen und trocken schütteln. Beides mit Parmesan und Olivenöl in der Küchenmaschine oder mit dem Pürierstab zu einem feinen Pesto mixen.

Das fertig gegarte Gemüse aus dem Ofen nehmen und leicht abkühlen lassen. Mit Kapernäpfeln und Oliven anrichten und mit Pesto beträufelt servieren.

SCHWERTMUSCHELN MIT DILL UND PASSIONSFRUCHT

FÜR 2 PERSONEN

500 g Schwertmuscheln
2 Knoblauchzehen
1 kleines Bund Dill
1 Frühlingszwiebel
2 Passionsfrüchte
2 EL Olivenöl
100 ml trockener Weißwein
30 g Butter
Meersalz
frisch gemahlener Pfeffer

Die Muscheln ca. 4 Stunden wässern, dabei das Wasser öfter wechseln.

In der Zwischenzeit den Knoblauch schälen und in Scheiben schneiden. Den Dill abbrausen und trocken schütteln, die Blättchen abzupfen und die Stiele fein hacken. Frühlingszwiebel putzen und in feine Ringe schneiden. Die Passionsfrüchte halbieren, Fruchtfleisch und Kerne auslösen und in eine Schüssel geben.

Die Muscheln in ein Sieb abgießen und noch einmal mit kaltem Wasser abspülen. Das Olivenöl in einer großen tiefen Pfanne erhitzen und die Muscheln und Knoblauchscheiben kurz darin andünsten. Mit Weißwein ablöschen und bei niedriger Temperatur ca. 2 Minuten köcheln lassen.

Dann Frühlingszwiebel, gehackte Dillstiele, Passionsfrüchte und Butter zugeben. Alles verrühren und einmal aufkochen, bis die Butter vollständig geschmolzen ist. Die Muscheln mit Salz und Pfeffer würzen, anrichten und mit den gezupften Dillblättchen garnieren.

AVOCADO-RETTICH-SALAT MIT THUNFISCH UND FRITTIERTEN ALGEN

FÜR 2 PERSONEN

FÜR DEN SALAT
- 1 reife Avocado
- 2 Bio-Limetten
- 2 EL Olivenöl
- 200 g frisches Thunfischfilet (in Sushi-Qualität)
- 1 kleiner langer Rettich
- 1 Tomate, in Spalten
- 2 EL Sojasoße
- ½ rote Chilischote
- 4 Stängel Koriander, Blättchen abgezupft
- Salz
- frisch gemahlener Pfeffer

FÜR DIE ALGEN
- ca. 300 ml neutrales Pflanzenöl zum Frittieren
- 25 g Wakame-Algen (Asialaden)

Für den Salat die Avocado schälen und halbieren. Den Kern entfernen und das Fruchtfleisch in mundgerechte Stücke schneiden. Den Saft von 1 Limette auspressen und mit dem Olivenöl zur Avocado geben. Vorsichtig untermengen und beiseitestellen. Die übrige Limette waschen, trocken tupfen und vierteln.

Den Thunfisch unter kaltem Wasser abspülen und trocken tupfen, dann in dünne Scheiben schneiden.

Den Rettich putzen und schälen. Dann mit einem Sparschäler möglichst lange Streifen herunterschälen. In eine Schüssel geben und mit Tomatenspalten, Limettenvierteln und Avocado vermengen. Sojasoße, Chili und Koriander untermischen. Mit Salz und Pfeffer abschmecken.

Für die Algen das Öl in einem Topf auf 170 °C erhitzen. Die Algen darin ca. 30 Sekunden frittieren, bis sie knusprig sind, dann auf Küchenpapier abtropfen lassen.

Den Avocado-Rettich-Salat mit frittierten Algen und Thunfisch anrichten.

ZIEGENFRISCHKÄSE MIT KARAMELLISIERTEN FEIGEN UND HONIG

FÜR 2 PERSONEN

2 TL brauner Zucker
2 EL Rotweinessig
Saft und Abrieb von 1 Bio-Zitrone
Saft von 1 Orange
2 Sternanise
2 Zweige Thymian
4 Feigen
160 g Ziegenfrischkäse
3 EL Honig
1 Stängel frische Minze
1 TL zerstoßene schwarze Pfefferkörner

Den Zucker in einer Pfanne karamellisieren, dann mit Essig ablöschen und kurz einkochen lassen. Zitronensaft und -abrieb sowie den Orangensaft zufügen. Sternanise grob zerstoßen, den Thymian abbrausen, trocken schütteln und die Blättchen hacken. Beides zugeben und das Karamell für ein paar Minuten leicht köcheln lassen.

Die Feigen waschen und halbieren, dann kurz im heißen Karamell ziehen lassen.

Die karamellisierten Feigen anrichten. Den Ziegenfrischkäse zerbröseln und gleichmäßig auf den Feigen verteilen. Mit Honig und dem restlichen Karamell aus der Pfanne beträufeln.

Die Minze abbrausen, trocken schütteln und die Blättchen abzupfen. Die Feigen mit Minzeblättchen und zerstoßenen Pfefferkörnern garniert servieren.

DRACHENFRUCHT MIT CALAMARETTI UND LACHSKAVIAR

FÜR 2 PERSONEN

160 g Calamaretti
1 Drachenfrucht (Pitahaya)
1 Bio-Limette
1 rote Chilischote
1 Frühlingszwiebel
1 kleines Bund Koriander
2 EL neutrales Pflanzenöl
1 Knoblauchzehe
1 EL Olivenöl
Meersalz
2 EL Lachskaviar

Die Calamaretti vom Kopf befreien, anschließend ausnehmen und putzen. Die Tuben in Ringe schneiden. Die Drachenfrucht halbieren. Mit einem Löffel das Fruchtfleisch auslösen und in eine Schüssel geben. Die ausgehöhlten Hälften aufbewahren.

Die Limette waschen, trocken tupfen und halbieren. Eine Hälfte in Spalten schneiden. Chili und Frühlingszwiebel putzen und in Ringe schneiden. Den Koriander abbrausen, trocken schütteln und die Blättchen abzupfen.

Das Öl in einer Pfanne erhitzen und die Calamaretti darin 1 Minute scharf anbraten. Dann Chili, Frühlingszwiebel, die angedrückte Knoblauchzehe und Limettenspalten zugeben. Alles für 1 weitere Minute bei mittlerer Hitze unter gelegentlichem Wenden braten. Dann den Pfanneninhalt zum Drachenfruchtfleisch in die Schüssel geben. Mit dem Saft der übrigen halben Limette, Olivenöl und Salz abschmecken.

Die Korianderblättchen untermengen und die Mischung in die ausgehöhlten Drachenfruchthälften füllen. Den Kaviar daraufgeben und servieren.

HÖHEPUNKT

WÜRZIGE HACKSPIESSE MIT FRUCHTIGEM **ANANAS-CHUTNEY**

FÜR 4 PERSONEN

FÜR DIE SPIESSE
600 g Rinderhackfleisch
60 g getrocknete Aprikosen
40 g getrocknete Feigen
1 kleine rote Zwiebel
2 Knoblauchzehen
1 kleines Bund krause Petersilie
10 Wacholderbeeren
1 EL Kaffeebohnen
3 Stangen Langpfeffer
1 Ei
Abrieb von 1 Bio-Orange
4 große Zimtstangen (à 20 cm)
1 kleines Bund gemischte Kräuter

FÜR DAS ANANAS-CHUTNEY
1 kleine rote Zwiebel
220 g Ananas
1 rote Chilischote
1 kleines Bund Minze
3 EL Olivenöl
1 TL Honig
Saft von 1 Orange
1 TL grober Senf
1 TL Currypulver

AUSSERDEM
Salz
frisch gemahlener Pfeffer
frisch geriebene Muskatnuss
2 EL neutrales Pflanzenöl

Für das Chutney die Zwiebel schälen und fein würfeln. Ananas ebenfalls schälen und würfeln. Die Chili putzen und grob hacken. Minze abbrausen, trocken schütteln und die Blättchen fein schneiden.

Das Olivenöl in einem kleinen Topf erhitzen und die Zwiebel darin glasig dünsten. Dann Ananas, Honig und Chili zugeben, kurz andünsten und mit dem Orangensaft ablöschen. Alles 8–10 Minuten leicht köcheln lassen. Anschließend Senf, Currypulver und Minze zugeben und das Chutney mit Salz und Pfeffer abschmecken.

Für die Spieße das Hack in eine Schüssel geben. Aprikosen und Feigen in Würfel schneiden. Zwiebel und Knoblauch schälen und fein hacken. Petersilie abbrausen, trocken schütteln und die Blättchen ebenfalls fein hacken. Wacholder, Kaffee und Langpfeffer grob mörsern.

Aprikosen, Feigen, Zwiebel, Knoblauch, Petersilie, Ei und Orangenabrieb zum Hackfleisch geben und alles mit den Händen vermischen. Mit Salz, Pfeffer und Muskat würzen. Um die Zimtstangen längliche Frikadellen formen und diese zusammen mit den Kräutern in einer großen heißen Pfanne mit Öl ca. 4 Minuten von jeder Seite braten. Die fertigen Spieße mit der Gewürzmischung bestreuen und mit dem Ananas-Chutney servieren.

ROSMARIN-PERLHUHN MIT ZITRONE UND **KNOBLAUCH**

FÜR 2 PERSONEN

1 Knoblauchknolle
1 Perlhuhn (ca. 1,5 kg)
1 Bio-Zitrone
2 große Bund Rosmarin
4 Sternanise
1 Zweig frischer Lorbeer
50 ml Olivenöl
½ TL Kümmelsamen
1 TL schwarze Pfefferkörner
10 Wacholderbeeren
1 TL Fenchelsamen
1 TL Koriandersamen
Salz

Den Knoblauch quer halbieren. Das Huhn waschen, gründlich trocken tupfen und mit einer Schere entlang des Rückgrats zerteilen. Beide Hälften mit Druck auf das Brustbein flach drücken. Die Zitrone waschen und in Scheiben schneiden. Rosmarin abbrausen und trocken schütteln.

Das Huhn zusammen mit Zitronenscheiben, Knoblauch, Rosmarin, Sternanisen, Lorbeer und Olivenöl in eine Schüssel geben. Alles gut vermengen und das Perlhuhn mit Frischhaltefolie abgedeckt für ca. 4 Stunden im Kühlschrank marinieren lassen.

Kümmel, Pfeffer, Wacholder, Fenchel und Koriander im Mörser grob zerstoßen.

Den Backofen auf 200 °C vorheizen. Das Huhn aus der Marinade nehmen mit Salz und der Gewürzmischung einreiben. Rosmarin, Knoblauch, Lorbeer, Sternanise und Zitronenscheiben auf einem Backblech verteilen und das Huhn mit der Brustseite nach oben darauflegen. Die Ofentemperatur auf 180 °C reduzieren und das Perlhuhn ca. 45 Minuten braten.

Das Huhn aus dem Ofen nehmen, kurz abkühlen lassen, dann mit Zitronenscheiben, Knoblauch und Rosmarin servieren.

BLACK CALMAR MIT MÖHRE UND SPITZPAPRIKA

FÜR 2 PERSONEN

350 g Kalmar
1 Zwiebel
3 Knoblauchzehen
100 g Möhre
1 kleine rote Spitzpaprika
je 60 g Fenchel, Staudensellerie und Petersilienwurzel
1 TL Fenchelsamen
6 Wacholderbeeren
3 Pimentkörner
3 EL Olivenöl
3 frische Lorbeerblätter
Saft und Abrieb von 1 Bio-Zitrone
½ Zimtstange
1 TL Mehl
100 ml trockener Weißwein
1 Frühlingszwiebel
1 rote Chilischote
300 ml Gemüsefond
2 TL Sepiafarbe
30 g kalte Butter, gewürfelt
Meersalz
frisch gemahlener Pfeffer

Den Kalmar putzen, ausnehmen und die Tentakel abtrennen. Den Körper in Ringe schneiden. Zwiebel und Knoblauch schälen und fein würfeln. Möhre ebenfalls schälen und in Scheiben schneiden. Paprika, Fenchel, Sellerie und Petersilienwurzel putzen und würfeln. Fenchelsamen, Wacholder und Piment im Mörser grob zerstoßen.

Das Olivenöl in einer großen tiefen Pfanne erhitzen und Kalmar, Zwiebel und Knoblauch darin kräftig anbraten. Dann das restliche vorbereitete Gemüse, Lorbeer, Zitronenabrieb, Zimt und die zerstoßenen Gewürze zugeben und alles ca. 5 Minuten braten. Mit Mehl bestäuben, kurz umrühren, mit Weißwein ablöschen und einkochen lassen. Währenddessen Frühlingszwiebel und Chili putzen und in Ringe schneiden.

Anschließend den Gemüsefond und die Sepiafarbe zugeben und alles weiterköcheln lassen, bis die Soße Bindung bekommt. Dabei die kalte Butter einrühren und Frühlingszwiebel und Chili zugeben. Alles mit Zitronensaft, Salz und Pfeffer abschmecken, anrichten und servieren.

COUSCOUS MIT **BABYMÖHREN, BOHNEN** UND JOGHURTSOSSE

Möhren und Bohnen putzen und in 10–15 Minuten in kochendem Salzwasser garen. Anschließend in Eiswasser abschrecken und abtropfen lassen. Paprika und Gurke schälen und in Würfel schneiden. Frühlingszwiebel putzen und in feine Ringe schneiden. Tomate waschen, vom Stielansatz befreien und würfeln. Die Minze abbrausen, trocken schütteln und die Blättchen abzupfen. Cashews und Pekannüsse in einer Pfanne ca. 2 Minuten trocken anrösten, dann grob hacken.

Den Couscous in eine Schüssel geben. Gemüsebrühe mit Currypulver und 1 Esslöffel Olivenöl aufkochen und über den Couscous gießen. Mit Frischhaltefolie abdecken und ca. 10 Minuten ziehen lassen. Den Couscous anschließend mit einer Gabel auflockern und das klein geschnittene Gemüse, die Minze und die Nüsse zugeben. Alles vorsichtig vermengen und mit Salz, Pfeffer und Essig abschmecken.

Den Joghurt mit Sesam, Limettensaft und -abrieb, Mango Chutney und Olivenöl verrühren und mit Salz abschmecken.

Koriander und Wacholder im Mörser grob zerstoßen. Eine Pfanne mit dem restlichen Olivenöl erhitzen und die Möhren und Bohnen darin kurz scharf anbraten. Mit Salz und der Koriander-Wacholder-Mischung würzen.

Den Couscous mit gebratenem Gemüse und grob zerbröseltem Feta anrichten. Mit Joghurtsoße servieren.

FÜR 2 PERSONEN

FÜR DEN COUSCOUS

100 g Babymöhren mit Grün
80 g Brechbohnen
Salz
40 g rote Spitzpaprika
100 g Salatgurke
1 Frühlingszwiebel
1 Tomate
1 kleines Bund Minze
20 g Cashewkerne
20 g Pekannusskerne
120 g Couscous
150 ml Gemüsebrühe
½ TL Currypulver
2 EL Olivenöl
frisch gemahlener Pfeffer
etwas Rotweinessig
1 TL Koriandersamen
8 Wacholderbeeren
125 g Fetakäse

FÜR DIE JOGHURTSOSSE

150 g Joghurt
1 TL schwarze Sesamsamen
Saft und Abrieb von 1 Bio-Limette
1 TL Hot Mango Chutney (Glas)
1 EL Olivenöl
Salz

SAFTIGER BURGER MIT BACON UND TOMATEN-GURKEN-KETCHUP

FÜR 2 PERSONEN

FÜR DIE PATTYS

320 g grob gewolftes gemischtes Hackfleisch (entweder selbst durch den Fleischwolf drehen oder den Metzger darum bitten)
Salz
frisch gemahlener Pfeffer
je ½ TL Kümmel-, Fenchel- und Koriandersamen
1 Ei
neutrales Pflanzenöl zum Braten

FÜR DEN TOMATEN-GURKEN-KETCHUP

1 rote Zwiebel
1 Knoblauchzehe
1 rote Chilischote
100 g brauner Zucker
Saft und Abrieb von 1 Bio-Zitrone
200 ml Rotweinessig
4 Tomaten
1 Bio-Salatgurke
30 g Staudensellerie
je 10 g Kümmel- und Fenchelsamen
je 20 g Meersalz (plus etwas extra) und grober schwarzer Pfeffer
1 EL Tomatenmark
2 Lorbeerblätter

FÜR DIE BURGER

1 rote Zwiebel
4 Streifen Bacon
2 Feigen
15 g Friséesalat
10 g Erbsensprossen
Saft von 1 Zitrone
3 EL Olivenöl
2 Scheiben Cheddar
2 Burgerbrötchen

Für den Tomaten-Gurken-Ketchup Zwiebel und Knoblauch schälen und fein würfeln. Chili putzen und ebenfalls fein würfeln. Den Zucker karamellisieren. Die vorbereiteten Zutaten mit dem Zitronenabrieb zugeben und anschwitzen. Mit Rotweinessig ablöschen. Tomaten, Gurke und Staudensellerie waschen, in grobe Würfel schneiden und ebenfalls zugeben. Kümmel, Fenchel, Salz und Pfeffer im Mörser zerstoßen und mit Tomatenmark und Lorbeer zufügen. Alles gut verrühren und aufkochen. Den Ketchup ca. 2 Stunden bei niedriger Temperatur köcheln und reduzieren lassen. Anschließend den Lorbeer entfernen und den Ketchup mit dem Pürierstab grob mixen. Mit Meersalz und Zitronensaft abschmecken.

Für die Pattys das Hackfleisch mit Salz, Pfeffer, Kümmel, Fenchel und Koriander würzen. Das Ei zugeben und alles gut mit den Händen vermengen. Aus der Mischung zwei gleich große Pattys formen. Etwas Öl in einer Pfanne heiß werden lassen und die Pattys darin von beiden Seiten in 6–7 Minuten braun braten.

Für die Burger die Zwiebel schälen und in Ringe schneiden. Dann mit dem Bacon in einer heißen Pfanne knusprig braten. Die Feigen putzen und in Scheiben schneiden. Friséesalat und Erbsensprossen mit Zitronensaft und Olivenöl marinieren.

Die fertig gebratenen, noch heißen Pattys mit je 1 Scheibe Cheddar belegen. Die Brötchen halbieren, die unteren Seiten mit Ketchup bestreichen (übrig gebliebenen Ketchup in einem Schraubglas im Kühlschrank aufbewahren) und aus allen Zutaten zwei saftige Burger bauen.

GEBACKENE AUBERGINEN, SCHLANGENBOHNEN
UND LIMETTE

Für das Gemüse den Backofen auf 180 °C vorheizen. Die rote Zwiebel schälen und vierteln, den Knoblauch quer halbieren. Auberginen waschen, trocken tupfen und mit Zwiebel, Knoblauch und Olivenöl auf einem Backblech vermengen. Das Blech für ca. 30 Minuten in den Ofen schieben.

In der Zwischenzeit für die Soße Chili und Zitronengras waschen und in sehr feine Ringe schneiden. Die weiße Zwiebel und den Ingwer schälen und fein würfeln. Das Öl in einem Topf erhitzen und Chili, Zitronengras, Zwiebel und Ingwer darin anschwitzen. Mit Essig ablöschen und Sojasoße, Hoisinsoße und 100 Milliliter Wasser zugeben. Alles bei schwacher Hitze ca. 5 Minuten köcheln lassen und anschließend beiseitestellen.

Die Bohnen in ca. 10 Minuten in kochendem Salzwasser garen, dann kurz im Öl anbraten und mit Salz und Pfeffer würzen. Die Limette waschen, trocken tupfen und in Scheiben schneiden. Das Basilikum abbrausen, trocken schütteln und grob auseinanderzupfen.

Die Auberginen mit Zwiebelvierteln, Knoblauch und Schlangenbohnen anrichten. Alles mit der Soße übergießen und mit Limettenscheiben und Basilikum garnieren.

FÜR 2 PERSONEN

FÜR DAS GEMÜSE
1 rote Zwiebel
1 kleine Knoblauchknolle
400 g asiatische violette Auberginen
2 EL Olivenöl
150 g Schlangenbohnen
1 EL neutrales Pflanzenöl
Salz
frisch gemahlener Pfeffer

FÜR DIE SOSSE
½ rote Chilischote
½ Stängel Zitronengras
1 kleine weiße Zwiebel
20 g Ingwer
2 EL neutrales Pflanzenöl
3 EL Rotweinessig
1 EL Sojasoße
2 EL Hoisinsoße

AUSSERDEM
1 Bio-Limette
1 kleines Bund Thai-Basilikum

FISCHEINTOPF MIT **GEBRATENEM GEMÜSE** UND KRÄUTERN

FÜR 2 PERSONEN

1 TL Kümmelsamen
1 Lorbeerblatt
2 Sternanise
Schale von 1 Bio-Zitrone
Meersalz
etwas Rotweinessig
120 g Pulpoarme
1 kleine Zwiebel
20 g Ingwer
1 Knoblauchzehe
1 Stange Staudensellerie
1 Stängel Zitronengras
50 g Fenchel
1 Tomate
1 Bio-Limette
4 küchenfertige Calamaretti
je 60 g Rotbarsch- und Schwertfischfilet
4 EL Olivenöl
2 sehr kleine rote Chilischoten
50 ml trockener Weißwein
250 ml Fischfond

AUSSERDEM
1 Bund Basilikum
1 Bund glatte Petersilie

Ca. 1,5 Liter Wasser, Kümmel, Lorbeer, Sternanise und Zitronenschale in einem Topf aufkochen und mit Salz und Essig würzen. Die gewaschenen Pulpoarme in den Sud geben, einmal aufkochen und anschließend die Hitze reduzieren. Pulpoarme für ca. 50 Minuten im Sud ziehen lassen.

In der Zwischenzeit Zwiebel, Ingwer und Knoblauch schälen und in Würfel schneiden. Staudensellerie und Zitronengras waschen und in Scheiben schneiden. Den Fenchel waschen und in grobe Stücke teilen. Die Tomate putzen und würfeln, die Limette waschen und in Scheiben schneiden.

Calamaretti, Rotbarsch und Schwertfisch unter kaltem Wasser abspülen und gründlich trocken tupfen. Calamaretti in Ringe, die Fischfilets in ca. 3 cm große Würfel schneiden.

Die Hälfte des Olivenöls in einem Topf erhitzen und Zwiebel, Ingwer und Knoblauch darin andünsten. Sellerie, Zitronengras, Fenchel, Tomate und Chilis zugeben. Alles kurz anbraten, dann mit Weißwein ablöschen. Den Fond angießen und das Gemüse bei sehr niedriger Temperatur ca. 5 Minuten köcheln lassen.

Währenddessen Basilikum und Petersilie abbrausen, trocken schütteln und die Blättchen fein hacken. Das restliche Olivenöl in einer Pfanne erhitzen. Die Pulpoarme aus dem Sud nehmen, trocken tupfen und mit Calamaretti, Rotbarsch und Schwertfisch ca. 1 Minute pro Seite kräftig anbraten. Fisch und Meeresfrüchte mit Salz würzen und mit dem heißen Fond und dem Gemüse übergießen. Einmal aufkochen lassen, die Limettenscheiben und die Kräuter zugeben und die Pfanne vom Herd nehmen. Den Fischeintopf anrichten und servieren.

SPICY KAI-LAN MIT **KROSSEM TOFU** UND **CASHEWKERNEN**

Für die Marinade die Limette waschen, trocken tupfen und in Scheiben schneiden. Die Limettenscheiben in eine Schüssel geben und mit der Hand leicht zerdrücken. Zitronengras waschen und grob hacken. Koriander abbrausen, trocken schütteln und die Blättchen ebenfalls hacken. Den Szechuanpfeffer im Mörser zerstoßen. Alle Zutaten für die Marinade in der Schüssel mit den Limettenscheiben vermischen und 30 Minuten ziehen lassen.

Den Tofu schräg halbieren, in die Marinade legen und für 2 Stunden abgedeckt kalt stellen. Anschließend gut trocken tupfen. Das Ei in einen tiefen Teller aufschlagen. Mehl und Sesam auf zwei weitere tiefe Teller verteilen. Den Tofu zuerst in Mehl wälzen, dann durch das Ei ziehen und zum Schluss im Sesam wenden.

Etwas Öl in einer Pfanne heiß werden lassen und den panierten Tofu darin von allen Seiten in 3–4 Minuten knusprig braten. Auf Küchenpapier abtropfen lassen und im auf 90 °C vorgeheizten Ofen warm halten.

Den Kai-lan waschen, trocken tupfen und grob hacken. In einer Pfanne etwas Öl erhitzen und den Kai-lan darin 2–3 Minuten scharf anbraten. Mit Salz und Pfeffer würzen.

Zwiebel, Knoblauch und Ingwer schälen. Zwiebel in Ringe schneiden, Knoblauch und Ingwer fein hacken. Chili putzen und ebenfalls hacken. Eine Pfanne mit etwas Öl erhitzen und Zwiebel, Knoblauch, Ingwer und Chili darin anbraten. Kaffirlimettenblätter, Sojasoße, Reiswein und Limettensaft zugeben, alles aufkochen und 2–3 Minuten reduzieren lassen. Die Cashews grob hacken und zum Schluss unterschwenken.

Den Kai-lan mit der Soße anrichten und den krossen Tofu obenauf legen.

FÜR 2–4 PERSONEN

FÜR DEN KAI-LAN
300 g Kai-lan (chinesischer Brokkoli)
neutrales Pflanzenöl zum Braten
Salz
frisch gemahlener Pfeffer
1 rote Zwiebel
2 Knoblauchzehen
20 g Ingwer
1 rote Chilischote
2 Kaffirlimettenblätter
5 EL Sojasoße
100 ml Reiswein
Saft von 1 Bio-Limette
2 EL Cashewkerne

FÜR DIE MARINADE
1 Bio-Limette
1 Stängel Zitronengras
2 Stängel Koriander
1 TL Szechuanpfeffer
6 EL Sojasoße
1 EL Honig
200 ml Reiswein

FÜR DEN TOFU
200 g Tofu
1 Ei
50 g Mehl
60 g schwarzer Sesam
neutrales Pflanzenöl zum Braten

PANIERTE AUSTERNPILZE AUF RADICCHIO MIT **OLIVEN** UND **ZITRONENMELISSE**

FÜR 2 PERSONEN

FÜR DIE PILZE

250 g Austernpilze
Abrieb von 1 Bio-Zitrone
1 TL Fenchelsamen
1 kleines Bund Thymian
100 g Panko
1 TL frisch gemahlener bunter Pfeffer
1 TL Paprikapulver (edelsüß)
2 Eier
ca. 600 ml neutrales Pflanzenöl zum Frittieren
Salz

FÜR DEN SALAT

1 Kopf Castelfranco (oder eine andere Sorte Radicchio)
1 kleines Bund Zitronenmelisse
1 Tomate
10 Kalamata-Oliven
2 Kapernäpfel
3 EL Olivenöl
1 TL körniger Senf
1 EL Honig
Saft von 1 Bio-Zitrone
Salz
frisch gemahlener Pfeffer

Die Austernpilze putzen. Zitronenabrieb und Fenchelsamen im Mörser grob zermahlen. Den Thymian abbrausen, trocken schütteln und die Blättchen abzupfen.

Panko in einen Teller füllen und mit der Zitronen-Fenchel-Mischung, dem bunten Pfeffer, Paprikapulver und Thymian vermischen.

Die Eier in eine Schüssel aufschlagen und verquirlen. Die Pilze durchziehen und etwas abtropfen lassen. Anschließend einzeln in der Pankomischung wenden und diese leicht andrücken.

Den Salat in einzelne Blätter teilen, waschen und trocken schleudern. Die Zitronenmelisse abbrausen, trocken schütteln und die Blättchen abzupfen. Beides miteinander vermengen.

Die Tomate putzen, mit den Oliven und Kapernäpfeln fein würfeln und in eine Schüssel geben. Olivenöl, Senf, Honig und Zitronensaft zugeben und alles gut verrühren. Das Dressing mit Salz und Pfeffer abschmecken.

Das Öl in einer Fritteuse oder einem Topf auf 170 °C erhitzen und die Pilze darin portionsweise in 2–3 Minuten knusprig ausbacken. Mit einem Schaumlöffel herausheben, auf Küchenpapier abtropfen lassen und sofort mit Salz würzen. Den Salat mit dem Dressing marinieren und die frittierten Pilze darauf verteilen.

ENTENBRUST,
FRITTEN AUS **TOPINAMBUR** UND SHERRY-DATTELN

Den Backofen auf 170 °C vorheizen. Die Entenbrüste unter kaltem Wasser abspülen, trocken tupfen und auf der Hautseite kreuzweise einschneiden. Mit Salz und Pfeffer würzen. Etwas Öl in einer ofenfesten Pfanne erhitzen und die Entenbrüste zunächst auf der Fleischseite anbraten. Nach ca. 3 Minuten auf die Hautseite drehen, weitere 4–5 Minuten braten und dann für 6 Minuten in den Ofen schieben. Die Entenbrüste herausnehmen und an einem warmen Ort 10 Minuten ruhen lassen.

Topinamburen waschen, trocken tupfen, halbieren und in Stifte schneiden. Ca. 700 Milliliter Öl in einem Topf auf 90 °C erhitzen und die Topinambur-Pommes darin ca. 3 Minuten vorgaren. Mit einem Schaumlöffel herausheben und auf Küchenpapier abtropfen lassen. Dann das Öl auf 170 °C erhitzen und die Pommes darin portionsweise in 3–4 Minuten goldbraun und knusprig frittieren.

Währenddessen Meersalz, Kreuzkümmel und Fenchel im Mörser zerstoßen. Die fertigen Pommes sofort damit würzen.

Den Zucker in einem Topf karamellisieren. Die Datteln zugeben und mit Rotwein und Sherry ablöschen. Chili putzen, halbieren und mit Sternanisen und Kardamom zugeben. Alles leicht einkochen lassen und mit Salz und Pfeffer abschmecken.

Rosmarin und Thymian abbrausen und trocken schütteln. Etwas Öl in einer Pfanne erhitzen und die Entenbrüste mit den Kräutern darin bei niedriger bis mittlerer Temperatur nachbraten. Dann aufschneiden und mit Pommes und Datteln servieren.

FÜR 2 PERSONEN

2 Entenbrüste (à ca. 225 g)
400 g Topinamburen
1 TL Meersalz
1 TL Kreuzkümmelsamen
1 TL Fenchelsamen
2 EL brauner Zucker
100 g Datteln ohne Stein
300 ml Rotwein
100 ml Sherry
1 rote Chilischote
2 Sternanise
4 Kardamomkapseln, geöffnet
1 Zweig Rosmarin
1 Zweig Thymian

AUSSERDEM

Salz
frisch gemahlener Pfeffer
neutrales Pflanzenöl zum Braten und Frittieren

MINI-ARTISCHOCKEN À LA GRECQUE MIT **KRÄUTER-AIOLI**

FÜR 2 PERSONEN

FÜR DIE ARTISCHOCKEN
6 Mini-Artischocken
ca. 300 ml neutrales Pflanzenöl
3 Knoblauchzehen
2 Lorbeerblätter
Schale von 1 Bio-Zitrone

FÜR DIE KRÄUTER-AIOLI
2 ganz frische Eigelb
1 Knoblauchzehe
250 ml neutrales Pflanzenöl
1 Stängel Minze
2 Stängel glatte Petersilie
2 TL Zitronensaft

AUSSERDEM
Salz
frisch gemahlener Pfeffer
neutrales Pflanzenöl zum Braten
4 dünne Scheiben Baguette

Für die Kräuter-Aioli alle Zutaten Zimmertemperatur annehmen lassen. Die Eigelbe in eine Schüssel geben. Knoblauch schälen und dazupressen. Dann das Öl langsam nach und nach mit einem Schneebesen unterrühren, bis eine cremige Emulsion entsteht. Minze und Petersilie abbrausen, trocken schütteln und fein hacken. Die Kräuter mit dem Zitronensaft unterrühren und die Aioli mit Salz und Pfeffer abschmecken.

Für die Artischocken die äußeren Blätter entfernen, die Stiele etwas kürzen und schälen. Die Artischocken halbieren und mit einem kleinen Messer das Heu herauskratzen.

Das Öl in einem Topf auf maximal 100 °C erhitzen. Knoblauch, Lorbeer und Zitronenschale zugeben. Dann die Artischocken in 15–20 Minuten mit geschlossenem Deckel im Öl garen. Sie sollten anschließend noch bissfest sein. Die fertigen Artischocken auf Küchenpapier abtropfen lassen und mit Salz und Pfeffer würzen.

Etwas Öl in einer Pfanne heiß werden lassen. Die dünnen Baguettescheiben darin zu knusprigen, goldbraunen Brotchips ausbacken.

Die Artischocken mit den Brotchips und der Kräuter-Aioli als Dip servieren.

VEGETARISCHE PIZZA MIT ZIEGENKÄSE UND KAPERNÄPFELN

Für den Teig das Mehl in eine Schüssel geben und in die Mitte eine Mulde drücken. 60 Milliliter lauwarmes Wasser mit dem Zucker verrühren und die Hefe hineinbröseln. Die Hefemischung mit einem Schneebesen glatt rühren und in die Mulde gießen. Mit etwas Mehl vom Rand bedecken. Den Vorteig 15 Minuten gehen lassen.

Anschließend Salz, Olivenöl und das restliche Wasser zugeben und alles zu einem geschmeidigen Teig verkneten. Den Teig mit einem Tuch abdecken und nochmals 30 Minuten gehen lassen.

In der Zwischenzeit für den Belag den Backofen auf 170 °C erhitzen. Die Tomaten putzen, halbieren und in eine ofenfeste Pfanne oder Auflaufform setzen. Den Knoblauch schälen, in feine Scheiben schneiden und mit dem Thymian gleichmäßig auf den Tomatenhälften verteilen. Die Tomaten mit Salz und Pfeffer würzen und für 25 Minuten in den Ofen schieben. Die Pfanne oder Form herausnehmen und die Ofentemperatur auf 180 °C erhöhen.

Einen großen Bogen Backpapier ausbreiten und den Teig darauf dünn ausrollen – nach Belieben zu einem großen oder zu zwei kleineren Teigfladen. Das Backpapier auf ein Blech ziehen und den Teig 10 Minuten vorbacken.

Währenddessen die Tomaten grob hacken und mit Essig beträufeln. Auf dem vorgebackenen Teig verteilen und mit zerbröseltem Ziegenkäse bestreuen. Die Kapernäpfel in Scheiben schneiden und ebenfalls auf der Pizza verteilen. Das Blech erneut in den Ofen schieben und die Pizza so lange weiterbacken, bis der Ziegenkäse zerläuft und die Teigränder leicht braun werden.

Die fertige Pizza mit Basilikumblättchen garnieren und mit Pfeffer würzen. Nach Belieben mit Olivenöl beträufeln und sofort servieren.

FÜR 2–4 PERSONEN

FÜR DEN TEIG
200 g Mehl
130 ml lauwarmes Wasser
1 Prise Zucker
20 g Frischhefe
5 g Salz
2 EL Olivenöl

FÜR DEN BELAG
4 Tomaten
2 Knoblauchzehen
2 Zweige Thymian
Salz
frisch gemahlener Pfeffer
4 EL Rotweinessig
150 g Ziegenkäse
6 Kapernäpfel
10 Basilikumblättchen
1 Schuss Olivenöl nach Belieben

SCHWARZE PASTA MIT LACHS, TOMATEN UND KRÄUTERN

FÜR 2 PERSONEN

FÜR DEN TEIG
180 g Mehl
20 g Semola (Hartweizengrieß)
2 Eier
1 EL Olivenöl
16 g Sepiafarbe
½ TL Salz

FÜR DIE FÜLLUNG
½ Zwiebel
1 Knoblauchzehe
2 kleine Köpfe Trevisano (oder eine andere Sorte Radicchio)
150 g Kirschtomaten
200 g Lachsfilet
Saft von 1 Bio-Limette
Salz
frisch gemahlener Pfeffer
1 EL brauner Zucker
50 g Butter
1 EL Rotweinessig

AUSSERDEM
Olivenöl zum Beträufeln
frische Kräuter nach Belieben zum Garnieren

Für den Teig Mehl und Semola in eine Schüssel geben. Die Eier mit Olivenöl, Sepiafarbe und Salz vermengen. Die Eimasse in die Schüssel zum Mehl geben und alles zu einem glatten Teig verkneten. Den Teig in Frischhaltefolie wickeln und für ca. 30 Minuten in den Kühlschrank legen.

Für die Füllung Zwiebel und Knoblauch schälen und in Würfel schneiden. Salat waschen, vom Strunk befreien und längs achteln. Die Tomaten waschen und halbieren. Den Lachs in dünne Scheiben schneiden, mit Limettensaft marinieren und mit Salz und Pfeffer würzen.

Den Nudelteig dünn ausrollen und in ca. 10 Zentimeter große Quadrate schneiden. Anschließend in 1–2 Minuten in kochendem Salzwasser garen.

Währenddessen den Zucker in einer großen Pfanne karamellisieren. Zwiebel und Knoblauch darin andünsten. Dann Butter, Salat und Tomaten zugeben, alles 5 Minuten braten, mit Essig ablöschen und mit Salz und Pfeffer würzen.

Den Nudelteig aus dem heißen Wasser nehmen, kurz abtropfen lassen und abwechselnd mit der heißen Salatmischung und dem marinierten Lachs auf zwei Teller schichten. Alles mit Olivenöl beträufeln und mit frischen Kräutern garnieren.

GEBRATENE **LAMMKOTELETTS** MIT **GEMÜSECHIPS**

Für die Gemüsechips Maniok, Süßkartoffel und Petersilienwurzel schälen. Dann mit einem Sparschäler möglichst lange und dünne Streifen herunterschälen. Die Petersilie abbrausen, trocken schütteln und grob auseinanderzupfen.

Das Öl in einer Fritteuse oder einem Topf auf 170 °C erhitzen. Das Gemüse und die Petersilie darin knusprig ausbacken. Mit einem Schaumlöffel herausheben und auf Küchenpapier abtropfen lassen. Sofort mit Salz und Pfeffer würzen.

Für die Soße Oliven und Kapernäpfel grob hacken und mit Senf und Mayonnaise verrühren. Basilikum und Minze abbrausen, trocken schütteln, ebenfalls fein schneiden und mit dem Zitronenabrieb unter die Soße rühren. Mit Salz und Pfeffer abschmecken.

Das Lammkarree waschen, trocken tupfen, von Silberhäuten befreien und in vier Koteletts teilen.
Das Olivenöl in einer Pfanne erhitzen und die Lammkoteletts zusammen mit dem angedrückten Knoblauch und dem Rosmarin 2–3 Minuten von jeder Seite braten. Mit Salz und Pfeffer würzen und anschließend 1–2 Minuten ruhen lassen.

Die Koteletts mit den Gemüsechips, der frittierten Petersilie und der Soße anrichten.

FÜR 2 PERSONEN

FÜR DIE LAMMKOTELETTS
1 Lammkarree (ca. 450 g)
2 EL Olivenöl
1 Knoblauchzehe
1 Zweig Rosmarin

FÜR DIE GEMÜSECHIPS
1 kleines Stück Maniok (ca. 120 g)
1 Süßkartoffel
1 Petersilienwurzel
1 kleines Bund krause Petersilie
ca. 600 ml neutrales Pflanzenöl zum Frittieren

FÜR DIE SOSSE
10 Kalamata-Oliven
2 Kapernäpfel
1 TL grober Senf
4 EL Mayonnaise
1 kleines Bund Basilikum
1 Stängel Minze
Abrieb von 1 Bio-Zitrone

AUSSERDEM
Meersalz
frisch gemahlener Pfeffer

KRAKE MIT PIMIENTOS DE PADRÓN UND KNOBLAUCH

FÜR 4 PERSONEN

FÜR DIE KRAKE
2 Stangen Staudensellerie
1 Möhre
1 Zwiebel
½ Knoblauchknolle
2 EL neutrales Pflanzenöl
2 Lorbeerblätter
2 Zweige Thymian
250 ml trockener Weißwein
1 küchenfertiger mittelgroßer Pulpo (ca. 800 g)
Meersalz
etwas Rotweinessig

FÜR DIE BEILAGEN
600 g festkochende Kartoffeln
150 g grobes Meersalz plus etwas extra
5 EL Olivenöl
200 g Pimientos
½ Knoblauchknolle
1 EL Paprikapulver (edelsüß)
Saft und Abrieb von 1 Bio-Limette
frisch gemahlener Pfeffer

Für die Krake Staudensellerie und Möhre putzen und in grobe Würfel schneiden. Zwiebel schälen und würfeln.

Das Öl in einem großen Topf erhitzen und Staudensellerie, Möhre, Zwiebel und Knoblauch darin glasig andünsten. Kräuter zugeben und alles mit Weißwein ablöschen. Den Pulpo waschen, in den Topf geben und so viel Wasser angießen, dass der Pulpo gerade mit Flüssigkeit bedeckt ist. Etwas Salz und Essig zugeben und alles für ca. 45 Minuten köcheln lassen.

Für die Beilagen die Kartoffeln waschen und mit dem Meersalz in einen Topf geben. Mit Wasser bedecken, aufkochen und in ca. 30 Minuten garen. Anschließend abgießen.

Das Olivenöl in einer Pfanne erhitzen, die gewaschenen Pimientos und den Knoblauch darin unter ständigem Wenden ca. 1 Minute scharf anbraten. Dann Paprikapulver und Limettenabrieb einrühren und alles mit Limettensaft ablöschen. Die Pimientos mit Salz abschmecken.

Den Pulpo aus dem Wasser nehmen, kurz abtropfen lassen und auf einer Servierplatte anrichten. Mit den heißen Pimientos und dem Öl aus der Pfanne übergießen und alles noch einmal mit Salz und Pfeffer würzen. Den Pulpo mit den Kartoffeln servieren. Der buttrige Knoblauch kann aus den Zehen gedrückt und zu den Beilagen gegeben werden.

KALBSINVOLTINI MIT GESCHMORTEN **MÖHREN**

Das Kalbfleisch waschen, gründlich trocken tupfen und mit einem Fleischklopfer dünn plattieren. Jeweils mit 1 Scheibe Parmaschinken und 1 Salbeiblatt belegen. Mit Salz und Pfeffer würzen und eng aufrollen. Die Enden mit einem Zahnstocher fixieren.

Den Backofen auf 170 °C vorheizen. Etwas Öl in einer ofenfesten Pfanne heiß werden lassen und die Involtini darin von allen Seiten goldbraun anbraten. Dann die Pfanne für 15 Minuten in den Ofen schieben und die Involtini fertig garen.

Die Möhren schälen, längs halbieren und auf einem Backblech verteilen. Majoran und Rosmarin abbrausen und trocken schütteln. Beides mit Lorbeer, Wacholderbeeren, Zitronenabrieb, Zucker und Olivenöl zu den Möhren geben. Alles mit Salz und Pfeffer würzen und mit den Händen gut durchmengen. Das Blech mit Alufolie abdecken und für 25 Minuten in den Ofen schieben. Anschließend die Möhren herausnehmen und mit dem Essig mischen.

Die fertigen Involtini aus der Pfanne nehmen und warm halten. Olivenöl und Butter in der noch heißen Pfanne aufschäumen lassen. Mit Weißwein und Zitronensaft ablöschen und mit Salz und Pfeffer würzen. Die Petersilie abbrausen und trocken schütteln. Den Knoblauch schälen und mit der Petersilie fein hacken. Beides zur Soße geben und diese ein paar Minuten einkochen lassen. Die Involtini in die heiße Soße legen und mit den Möhren anrichten.

FÜR 2 PERSONEN

FÜR DIE INVOLTINI

4 Kalbsschnitzel aus der Hüfte (à 100 g)
4 Scheiben Parmaschinken
4 Salbeiblätter
Salz
frisch gemahlener Pfeffer
neutrales Pflanzenöl zum Braten
2 EL Olivenöl
1 EL Butter
200 ml Weißwein
Saft von 1 Bio-Zitrone
½ kleines Bund krause Petersilie
1 Knoblauchzehe

FÜR DIE MÖHREN

4 Möhren
1 Stängel Majoran
1 Zweig Rosmarin
2 Lorbeerblätter
6 Wacholderbeeren
Abrieb von 1 Bio-Zitrone
2 EL Zucker
3 EL Olivenöl
Salz
frisch gemahlener Pfeffer
4 EL Rotweinessig

KÖNIGSBERGER KLOPSE MIT KAPERNSOSSE UND **FRITTIERTER PETERSILIE**

FÜR 2 PERSONEN

FÜR DIE KÖNIGSBERGER KLOPSE
1 Zwiebel
1 Knoblauchzehe
1 EL neutrales Pflanzenöl
1 Brötchen
100 ml warme Milch zum Einweichen
8 Kapernäpfel
4 Sardellenfilets
1 Bund krause Petersilie
500 g Kalbshackfleisch
1 EL Senf
Abrieb von 1 Bio-Zitrone
1 Ei
2 Pimentkörner
2 Nelken
1 Lorbeerblatt

FÜR DIE ROTE BETE
3 frische Rote Bete
Kümmelsamen
Meersalz
1 EL Olivenöl

AUSSERDEM
Salz
frisch gemahlener Pfeffer
frisch geriebene Muskatnuss
ca. 300 ml neutrales Pflanzenöl zum Frittieren
2 kleine Schalotten
50 g Butter
Schale von ½ Bio-Zitrone
20 g Mehl
100 ml Sahne

Die Roten Beten waschen und in einem Topf mit Wasser bedecken. Mit Kümmel und Salz würzen. Das Wasser aufkochen und die Beten abgedeckt in ca. 50 Minuten je nach Größe garen.

Währenddessen für die Königsberger Klopse Zwiebel und Knoblauch schälen und fein würfeln. Das Öl in einer Pfanne erhitzen und beides darin glasig dünsten. Das Brötchen in Milch einweichen. Die Hälfte der Kapernäpfel mit den Sardellen fein hacken. Die Petersilie abbrausen, trocken schütteln und die Hälfte der Blättchen ebenfalls fein hacken. Das Hack mit Zwiebelmischung, gehackten Kapern, Sardellen, gehackter Petersilie, Senf, Zitronenabrieb, Ei und dem gut ausgedrückten Brötchen vermengen. Die Masse mit Salz, Pfeffer und Muskat würzen.

Wasser in einem großen Topf aufkochen und Piment, Nelken und Lorbeer zugeben. Aus der Hackmasse gleich große Klöße formen und ins kochende Wasser geben. Den Herd ausstellen und die Klöße 10–15 Minuten ziehen lassen.

Öl in einer Fritteuse oder einem Topf auf 170 °C erhitzen und die übrige Petersilie darin in 10–20 Sekunden knusprig ausbacken. Auf Küchenpapier abtropfen lassen und mit Salz würzen. Schalotten schälen, halbieren und in Spalten schneiden. Die Butter in einem Topf erhitzen und Schalotten und Zitronenschale darin andünsten. Mit Mehl bestäuben und verrühren, dann mit 500 Milliliter Kochfond von den Klößen ablöschen und ca. 20 Minuten bei sehr geringer Hitze köcheln lassen.

Die restlichen Kapernäpfel in Scheiben schneiden und mit der Sahne in den Fond rühren. Die Soße mit Salz, Pfeffer und Muskat abschmecken.

Die Roten Beten schälen, etwas zerdrücken, mit Salz und Pfeffer würzen und mit Olivenöl beträufeln. Die Klöße mit den Beten anrichten, mit Soße übergießen und mit frittierter Petersilie garniert servieren.

KÜRBIS-RAVIOLI MIT ROTER BETE UND CRANBERRYS

Für den Teig Mehl und Semola in eine Schüssel geben. Das Ei mit Olivenöl, Rote-Bete-Saft und Salz verrühren. Die Mischung zum Mehl in die Schüssel geben, alles zu einem glatten Teig verkneten, in Frischhaltefolie wickeln und für ca. 30 Minuten in den Kühlschrank legen.

Für die Füllung Zwiebel und Knoblauch schälen, den Kürbis putzen. Alles in Würfel schneiden. Die halbe Vanilleschote auskratzen, den Koriander abbrausen, trocken schütteln und die Blättchen fein schneiden. Das Öl in einem Topf erhitzen und Zwiebel und Knoblauch darin glasig andünsten. Dann Kürbis, Vanillemark, Zimt, Lorbeer und Currypulver zugeben, kurz anschwitzen, mit Orangensaft ablöschen und einkochen lassen. Anschließend den Gemüsefond angießen, aufkochen und alles bei geringer Hitze mit geschlossenem Deckel ca. 15 Minuten köcheln lassen. Sobald der Kürbis weich ist, Lorbeer und Zimt entfernen und die Mischung mit einer Gabel zerdrücken. Den Koriander unterrühren und die Füllung mit Salz, Pfeffer und Muskat abschmecken.

Den Nudelteig dünn ausrollen und eine Hälfte mit Wasser bepinseln. Die Füllung auf der trockenen Hälfte mit einem Löffel häufchenweise verteilen. Die andere Hälfte des Nudelteiges darüberklappen und andrücken. Mit einem runden Ausstecher Ravioli ausstechen. In einem großen Topf reichlich Salzwasser aufkochen. Die Ravioli ins kochende Wasser geben, den Herd ausstellen und die Ravioli 5–8 Minuten ziehen lassen.

In der Zwischenzeit die Rote Bete schälen und mit einer Mandoline oder einem scharfen Messer in sehr dünne Scheiben schneiden. Die Butter in einer großen Pfanne zerlassen. Nüsse, Cranberrys und Rote-Bete-Scheiben kurz darin anbraten und mit Salz und Pfeffer würzen. Mit Rote-Bete-Saft ablöschen. Dann die abgetropften Ravioli kurz darin glasieren und alles zusammen anrichten.

FÜR 2–4 PERSONEN

FÜR DEN TEIG
180 g Mehl
20 g Semola (Hartweizengrieß)
1 Ei
1 EL Olivenöl
30 ml Rote-Bete-Saft
1 TL Salz

FÜR DIE FÜLLUNG
½ Zwiebel
1 Knoblauchzehe
ca. 250 g Hokkaidokürbis
½ Vanilleschote
1 kleines Bund Koriander
1 EL neutrales Pflanzenöl
½ Zimtstange
1 Lorbeerblatt
1 TL Currypulver
100 ml Orangensaft
150 ml Gemüsefond

AUSSERDEM
Salz
frisch gemahlener Pfeffer
frisch geriebene Muskatnuss
1 kleine Rote Bete
50 g Butter
10 Pekannusskerne
16 Cranberrys
30 ml Rote-Bete-Saft

GESCHMORTER **SCHWEINEBAUCH** MIT SOJASOSSE UND **MALABARSPINAT**

FÜR 4 PERSONEN

FÜR DAS FLEISCH
1,5 kg Schweinebauch
6 Lorbeerblätter
2 rote Zwiebeln
50 g Ingwer
1 Tomate
1 kleine Knoblauchknolle
1 Stängel Zitronengras
2 rote Chilischoten
2 EL neutrales Pflanzenöl
1 EL Honig
1 TL Tomatenmark
15 g getrocknete schwarze Bohnen
½ Zimtstange
3 EL Sojasoße
1 EL chinesischer dunkler Reisessig
1 Weizenbier (500 ml)

FÜR DEN SPINAT
1 kleine weiße Zwiebel
1 Bio-Limette
200 g Malabarspinat (alternativ Blattspinat)
3 EL Olivenöl
Salz
frisch geriebene Muskatnuss

Für das Fleisch den Schweinebauch mit der Schwartenseite nach unten in einen Bräter setzen und etwas Wasser angießen. Dabei sollte nur die Schwarte und nicht das Fleisch im Wasser stehen. Ca. 10 Minuten leicht köcheln lassen. Den Schweinebauch aus dem Bräter nehmen und die Schwarte mit einem scharfen Messer gleichmäßig diagonal einschneiden. Die Lorbeerblätter längs halbieren und in die Einschnittstellen stecken.

Zwiebeln und Ingwer schälen. Zwiebeln vierteln und Ingwer in Scheiben schneiden. Die Tomate putzen und wie den Knoblauch halbieren. Zitronengras und Chilis ebenfalls putzen und längs halbieren.

Den Backofen auf 180 °C vorheizen. In dem Bräter das Öl erhitzen und Zwiebeln, Ingwer, Tomate, Knoblauch und Zitronengras kurz anbraten. Dann Honig, Tomatenmark, schwarze Bohnen, Zimt und Chilis zugeben und kurz weiterbraten. Alles mit Sojasoße, Reisessig und der Hälfte des Biers ablöschen. Den Schweinebauch mit der Hautseite nach oben in den Bräter setzen. Ca. 1 Stunde abgedeckt und danach weitere 1½ Stunden offen im Ofen garen. Dabei das Fleisch immer wieder mit dem restlichen Bier übergießen. Falls der Fond zu weit einkocht, noch etwas heißes Wasser zugeben.

Für den Spinat die weiße Zwiebel schälen und in Würfel schneiden. Limette waschen, trocken tupfen und in feine Scheiben schneiden. Den Spinat waschen und trocken schleudern. Das Olivenöl in einer großen Pfanne erhitzen und den Spinat darin mit Zwiebelwürfeln und Limettenscheiben kurz, aber kräftig anbraten. Mit Salz und Muskat abschmecken.

Den Schweinebauch aufschneiden und mit Spinat und geschmortem Gemüse anrichten. Alles mit Bratenfond übergießen und sofort servieren.

GEBRATENER **STÄNGELKOHL** MIT **SÜSSKARTOFFELCHIPS** UND JOGHURTDIP

FÜR 2 PERSONEN

FÜR DAS GEMÜSE
1 Süßkartoffel (ca. 120 g)
½ TL Kreuzkümmelsamen
Meersalz
frisch gemahlener Pfeffer
neutrales Pflanzenöl zum Frittieren und Braten
340 g frischer Stängelkohl
2 Knoblauchzehen
frisch geriebene Muskatnuss

FÜR DEN JOGHURTDIP
200 g Naturjoghurt
1 EL frisch gehackte Minze
1 EL Honig
Saft und Abrieb von 1 Bio-Limette
½ rote Chilischote, fein gehackt
1 Schuss Rotweinessig
Salz
frisch gemahlener Pfeffer

Für den Dip alle Zutaten in einer Schüssel vermengen und mit Salz und Pfeffer abschmecken. Den Dip ein paar Minuten ziehen lassen.

Für das Gemüse die Süßkartoffel gründlich waschen und trocken tupfen. Mit einem Sparschäler der Länge nach dünne Streifen herunterschälen und zum Trocknen kurz auf Küchenpapier ausbreiten. Kreuzkümmel, Salz und Pfeffer im Mörser zerstoßen. Ca. 500 Milliliter Öl in der Fritteuse oder einem Topf auf 175 °C erhitzen und die Süßkartoffelstreifen darin knusprig frittieren. Die Chips auf Küchenpapier abtropfen lassen und sofort mit der Gewürzmischung bestreuen.

Den Stängelkohl waschen, trocken schleudern und in grobe Stücke schneiden. Die Stiele dabei weitgehend entfernen. Etwas Öl in einer Pfanne erhitzen und den Stängelkohl darin für ein paar Minuten bei starker Hitze scharf anbraten. Knoblauchzehen schälen, zerdrücken und mitbraten. Mit Salz, Pfeffer und Muskat würzen.

Den gebratenen Stängelkohl mit Süßkartoffelchips und Joghurtdip anrichten und sofort servieren.

CHAMÄLEONKÜRBIS MIT ROTEN ZWIEBELN UND **ZIMT**

FÜR 2–3 PERSONEN

1 kleiner Chamäleonkürbis
2 rote Zwiebeln
3 Knoblauchzehen
1 TL Fenchelsamen
Meersalz
frisch gemahlener Pfeffer
1 TL Zimt
2 Zimtstangen
3 Zweige Rosmarin
3 Zweige Thymian
8 Salbeiblätter
3 Lorbeerblätter
Saft von 1 Bio-Zitrone
4–5 EL Olivenöl
4 EL Kürbiskernöl

Den Backofen auf 170 °C vorheizen. Den Kürbis waschen und entlang der Wuchsrichtung in Spalten schneiden. Stielansatz und Kerne entfernen. Zwiebeln schälen und vierteln. Knoblauch schälen und zerdrücken. Kürbisspalten, Zwiebeln und Knoblauch auf einem Backblech verteilen und mit Fenchel, Salz, Pfeffer und Zimt würzen.

Die Zimtstangen grob zerbrechen, Rosmarin, Thymian und Salbei abbrausen und trocken schütteln. Die Rosmarinnadeln grob hacken. Alles mit den Lorbeerblättern zugeben, mit Zitronensaft und Olivenöl beträufeln und gut vermengen. Das Blech für ca. 45 Minuten in den Ofen schieben, bis die Kürbisspalten weich sind.

Den Kürbis aus dem Ofen nehmen, mit den Zwiebeln anrichten und gleichmäßig mit Kürbiskernöl beträufeln.

POCHIERTES EI MIT RAHMSPINAT, BACON UND RÖSTBROT

Den Spinat waschen und trocken schleudern. Schalotten und Knoblauch schälen und in feine Würfel schneiden.

Die Butter und 1 Esslöffel Öl in einem Topf erhitzen. Schalotten und Knoblauch darin goldbraun anschwitzen. Den Spinat zugeben und kurz mitdünsten. Mit Salz, Pfeffer und Muskat würzen. Dann die Sahne zugeben und alles mit einem Pürierstab mixen.

Etwas Öl in einer Pfanne erhitzen und die Brot- und Speckscheiben darin von beiden Seiten knusprig anrösten. Auf Küchenpapier abtropfen lassen.

Für die Eier Wasser in einem Topf zum Kochen bringen. Essig und etwas Salz zugeben. Mit einem Kochlöffel das Wasser in der Mitte durchrühren, sodass ein leichter Strudel entsteht. Die Eier nacheinander in eine Tasse schlagen und vorsichtig in das Wasser gleiten lassen. Das Wasser darf zu diesem Zeitpunkt nicht mehr kochen, sondern sollte kurz vorm Siedepunkt sein. Die Eier darin ca. 5 Minuten ziehen lassen.

Brot und Rahmspinat anrichten. Die pochierten Eier vorsichtig mit einer Schaumkelle aus dem Wasser heben und abtropfen lassen. Auf den Rahmspinat gleiten lassen und nach Belieben mit etwas Meersalz bestreuen. Den Baconchip als Topping obenauf setzen. Zum Servieren das Ei anstechen, sodass das Eigelb herausläuft.

FÜR 2 PERSONEN

FÜR DIE EIER
1 Schuss Rotweinessig
Salz
2 frische Eier

FÜR DEN RAHMSPINAT
130 g junger Spinat
2 Schalotten
1 Knoblauchzehe
1 EL Butter
Salz
frisch gemahlener Pfeffer
frisch geriebene Muskatnuss
100 ml Sahne

AUSSERDEM
neutrales Pflanzenöl zum Braten
2 Scheiben dunkles Brot
2 Scheiben Tiroler Speck
Meersalz nach Belieben

OCHSENSCHWANZ MIT GEBRATENEM KOPFSALAT

FÜR 2–4 PERSONEN

FÜR DEN OCHSENSCHWANZ
500 g Ochsenschwanz, in Scheiben
2 rote Zwiebeln, halbiert
1 Möhre, in 1 cm großen Stücken
1 Stange Staudensellerie, in 1 cm großen Stücken
8 Wacholderbeeren
1 TL zerstoßene schwarze Pfefferkörner
2 Sternanise
2 Lorbeerblätter
2 Tomaten, in Vierteln
2 EL Tomatenmark
500 ml Rotwein
2 EL Mehl
2 EL Speisestärke

FÜR DEN KOPFSALAT
1 Kopfsalat
1 EL Butter
2 Zweige Thymian
Saft und Abrieb von 1 Bio-Zitrone
frisch geriebene Muskatnuss
2 Stängel krause Petersilie, die Blättchen fein gehackt
2 Stängel Estragon, die Blättchen fein gehackt

AUSSERDEM
neutrales Pflanzenöl zum Braten
Salz
frisch gemahlener Pfeffer

Den Ochsenschwanz waschen und trocken tupfen. Öl in einer Pfanne erhitzen, das Fleisch darin von allen Seiten gleichmäßig anbraten, beiseitestellen.

Etwas Öl in einem hohen Schmortopf erhitzen und Zwiebeln, Möhre und Sellerie darin goldbraun anbraten. Wacholder, Pfeffer, Sternanise und Lorbeer zugeben. Die Tomaten mit dem Mark ebenfalls zufügen. Alles gut umrühren, mit Rotwein ablöschen und ein paar Minuten kochen lassen.

Den Backofen auf 180 °C vorheizen. Den angebratenen Ochsenschwanz in den Schmoransatz geben und gleichmäßig mit Mehl bestäuben. Den Topf für 15 Minuten in den Ofen schieben. Dann den Schmoransatz mit Wasser auffüllen, bis alles gut bedeckt ist. Den Topf verschließen und das Fleisch in 2½–3 Stunden im Ofen weich schmoren.

Den fertigen Ochsenschwanz aus der Soße nehmen und beiseitestellen. Die Soße durch ein Sieb passieren und sämig einkochen lassen. Gegebenenfalls mit der in etwas kaltem Wasser angerührten Speisestäke abbinden, mit Salz und Pfeffer abschmecken. Den Ochsenschwanz wieder zugeben, alles kurz aufkochen und für ein paar Minuten ziehen lassen.

Für den Kopfsalat die äußeren Blätter entfernen und den Strunk vorsichtig herausschneiden, sodass der Salatkopf nicht auseinanderfällt. Den Salat 2–3 Minuten in kochendem Wasser blanchieren. Dann mit kaltem Wasser abschrecken, gut abtropfen lassen und vorsichtig mit den Händen ausdrücken. Etwas Öl und die Butter in einer Pfanne erhitzen. Den Salatkopf halbieren und beide Hälfte vorsichtig rundum anbraten. Thymian zugeben und kurz mitbraten. Zitronensaft und -abrieb zufügen und den Salat mit Salz, Pfeffer und Muskat würzen. Mit Petersilie und Estragon garnieren.

Den Ochsenschwanz mit reichlich Soße und dem Kopfsalat anrichten.

KRÄUTER-MALFATTI AUF BUNTEM **RATATOUILLE** MIT **PARMESAN**

Für die Kräuter-Malfatti Ricotta, Mehl, Eier und Parmesan in einer Schüssel mit einem festen Schneebesen verrühren. Basilikum, Salbei und Petersilie mit dem Olivenöl zu einem Pesto mixen und unter den Teig mischen.

Die Butter in einem Topf erhitzen und leicht bräunen. Den Knoblauch schälen, pressen und mit Rosmarin, Thymian und Zitronenabrieb zugeben. Alles kurz aufschäumen lassen. Die Gewürze entfernen, die Butter unter den Kräuterteig mengen und die Masse mit Salz, Pfeffer und Muskat würzen. Beiseitestellen und 30 Minuten ruhen lassen.

Für das Ratatouille den Backofen auf 170 °C vorheizen. Das Olivenöl in einem Topf erhitzen und Zwiebel und Knoblauch darin bei geringer Hitze goldbraun andünsten. Zucchini, Aubergine, Tomaten, Staudensellerie und Paprika zugeben und ein paar Minuten mitdünsten. Mit Salz und Pfeffer würzen. Das Tomatenmark einrühren, Rosmarin, Salbei und Lorbeer zufügen und den Ansatz mit Wasser (oder Gemüsebrühe) auffüllen, bis alles gut bedeckt ist. Das Ratatouille zugedeckt für ca. 30 Minuten im Ofen schmoren. Anschließend die Frühlingszwiebeln unterrühren.

In einem großen Topf Salzwasser zum Kochen bringen. Aus dem Teig mit einem Esslöffel Nocken abstechen und in das kochende Wasser geben. Die Temperatur reduzieren und die Malfatti so lange köcheln lassen, bis sie an der Oberfläche schwimmen.

Etwas Butter und Öl in einer großen Pfanne erhitzen und die fertig gegarten Malfatti kurz darin nachbraten. Den Rucola waschen, trocken schleudern und mit Olivenöl anmachen. Malfatti und Ratatouille anrichten und mit Rucola und Parmesan garnieren.

FÜR 2–4 PERSONEN

FÜR DIE KRÄUTER-MALFATTI
150 g Ricotta
200 g Mehl
2 Eier
50 g fein geriebener Parmesan
3 EL gehacktes Basilikum
1 EL gehackter Salbei
2 EL gehackte Petersilie
5 EL Olivenöl
2 EL Butter
1 Knoblauchzehe
je 1 Zweig Rosmarin und Thymian
Abrieb von 1 Bio-Zitrone

FÜR DAS RATATOUILLE
4 EL Olivenöl
1 rote Zwiebel, in feinen Würfeln
2 Knoblauchzehen, in feinen Würfeln
je 1 kleine Zucchini und Aubergine, in 2 cm großen Stücken
2 Tomaten, in 2 cm großen Stücken
2 Stangen Staudensellerie, in 2 cm großen Stücken
6 kleine Paprikaschoten (Sweet Bite), in 2 cm großen Stücken
2 EL Tomatenmark
2 Zweige Rosmarin
5 Salbeiblättchen
2 Lorbeerblätter
3 Frühlingszwiebeln, in feinen Ringen

AUSSERDEM
Salz
frisch gemahlener Pfeffer
frisch geriebene Muskatnuss
Butter und neutrales Pflanzenöl zum Braten
1 kleines Bund Rucola
2 EL Olivenöl
frisch gehobelter Parmesan zum Garnieren

LACHSTERIYAKI MIT **GURKENSALAT** UND **LOTUSWURZEL**

FÜR 2 PERSONEN

FÜR DEN LACHS
500 g Lachsfilet
1 Knoblauchzehe
20 g Ingwer
1 Stängel Zitronengras
1 rote Chilischote
2 EL Sake
2 EL Sojasoße
1 EL Reiswein
1 TL Zucker

FÜR DEN GURKENSALAT
1 kleine rote Zwiebel
1 Mini-Salatgurke
3 EL Rotweinessig
1 kleines Bund Dill
Salz
1 EL Olivenöl

AUSSERDEM
1 EL neutrales Pflanzenöl
4 Scheiben Lotuswurzel (je 1 cm dick)
30 g Butter
Saft von 1 Limette
Wildkräuter nach Belieben zum Garnieren

Das Lachsfilet waschen, trocken tupfen, von Gräten und Haut befreien und in vier Stücke teilen. Knoblauch und Ingwer schälen und in feine Scheiben schneiden. Zitronengras und Chili putzen und in sehr feine Ringe schneiden.

Sake, Sojasoße, Reiswein, Zucker, Chili, Zitronengras, Ingwer und Knoblauch in einen weiten Topf geben und leicht erhitzen, bis sich der Zucker aufgelöst hat. Die Mischung auskühlen lassen und die Lachssteaks hineinlegen. Den Fisch ca. 30 Minuten marinieren, dabei öfter wenden.

In der Zwischenzeit für den Gurkensalat die Zwiebel schälen und in feine Ringe schneiden. Die Gurke waschen und längs in dünne Streifen schneiden. Die Zwiebelringe in einem kleinen Topf mit 100 Milliliter Wasser und 2 Esslöffel Essig kurz aufkochen, dann abgießen und beiseitestellen. Den Dill abbrausen, trocken schütteln, grob hacken und mit den Gurkenstreifen und Zwiebelringen in eine Schüssel geben. Alles mit Salz, Olivenöl und dem restlichen Essig verrühren und abschmecken.

Das Pflanzenöl in einer großen Pfanne erhitzen und den Lachs und die Lotusscheiben von jeder Seite ca. 2 Minuten braten. Den Lachs aus der Pfanne nehmen und mit dem Gurkensalat anrichten. Die übrige Marinade aus dem Topf mit der Butter und dem Limettensaft in die noch heiße Pfanne zu den Lotuswurzeln geben. Alles aufkochen, bis die Butter geschmolzen ist. Die Lotuswurzel zum Lachs geben und beides mit der Marinade beträufeln. Mit Wildkräutern garnieren.

HIRSCHRÜCKEN AUF ROTWEINRISOTTO MIT MANIOKCHIPS

Für den Hirschrücken den Backofen auf 160 °C vorheizen. 1 Esslöffel Öl in einer ofenfesten Pfanne erhitzen, das Kotelett kurz darin anbraten und mit Salz und Pfeffer würzen. Die Pfanne für ca. 20 Minuten in den Ofen schieben und das Kotelett garen, dabei öfter wenden und mit dem ausgetretenen Bratensaft übergießen.

Die Wacholderbeeren grob hacken und mit Limettenabrieb und Honig verrühren. Die Kaffeebohnen grob zerstoßen. Die Maniokwurzel schälen, dann mit einem Sparschäler dünne Streifen herunterschälen. 600 Milliliter Öl in einer Fritteuse oder einem Topf auf 170 °C erhitzen und die Streifen darin kross ausbacken. Mit einem Schaumlöffel herausheben, auf Küchenpapier abtropfen lassen und mit Salz und den zerstoßenen Kaffeebohnen würzen.

Für das Risotto Rote Bete, Zwiebel und Knoblauch schälen und in feine Würfel schneiden. Das Olivenöl in einem Topf erhitzen und die Gemüsewürfel kurz andünsten. Dann Risottoreis und Lorbeer einrühren und ebenfalls kurz andünsten. Mit etwas Rotwein ablöschen und diesen bei geringer Hitze einköcheln lassen. Sobald der Reis die gesamte Flüssigkeit absorbiert hat, wieder eine Kelle Rotwein zugeben und so fortfahren, bis der ganze Wein aufgebraucht ist. Das dauert ca. 15 Minuten, dabei öfter umrühren. Sollte der Reis dann noch zu bissfest sein, etwas Gemüsebrühe zugeben und bei geringer Hitze einkochen lassen. Zum Schluss den Parmesan und die Butter unterrühren.

Das Hirschkotelett aus dem Ofen und der Pfanne nehmen und 2 Minuten ruhen lassen. Die Butter in der Pfanne aufschäumen lassen und das Fleisch mit Thymian und Cranberrys wieder zugeben. Das Hirschkotelett mit dem Gewürzhonig einpinseln und mehrmals mit der Butter übergießen. Das Fleisch anschließend aufschneiden, mit Salz und Pfeffer würzen, auf dem Risotto anrichten und mit der Butter und den Cranberrys übergießen. Die Maniokchips dazu servieren.

FÜR 2 PERSONEN

FÜR DEN HIRSCHRÜCKEN

1 Hirschkotelett (ca. 500 g)
5 g Wacholderbeeren
Abrieb von 1 Bio-Limette
1 EL Honig
30 g Butter
1 Zweig Thymian
20 frische Cranberrys

FÜR DAS ROTWEINRISOTTO

1 kleine Rote Bete
1 rote Zwiebel
1 Knoblauchzehe
1 EL Olivenöl
120 g Risottoreis
1 Lorbeerblatt
350 ml Rotwein
ggf. etwas heiße Gemüsebrühe
60 g frisch geriebener Parmesan
30 g Butter

AUSSERDEM

neutrales Pflanzenöl zum Braten und Frittieren
Salz
frisch gemahlener Pfeffer
1 TL Kaffeebohnen
1 kleine Maniokwurzel (ca. 200 g)

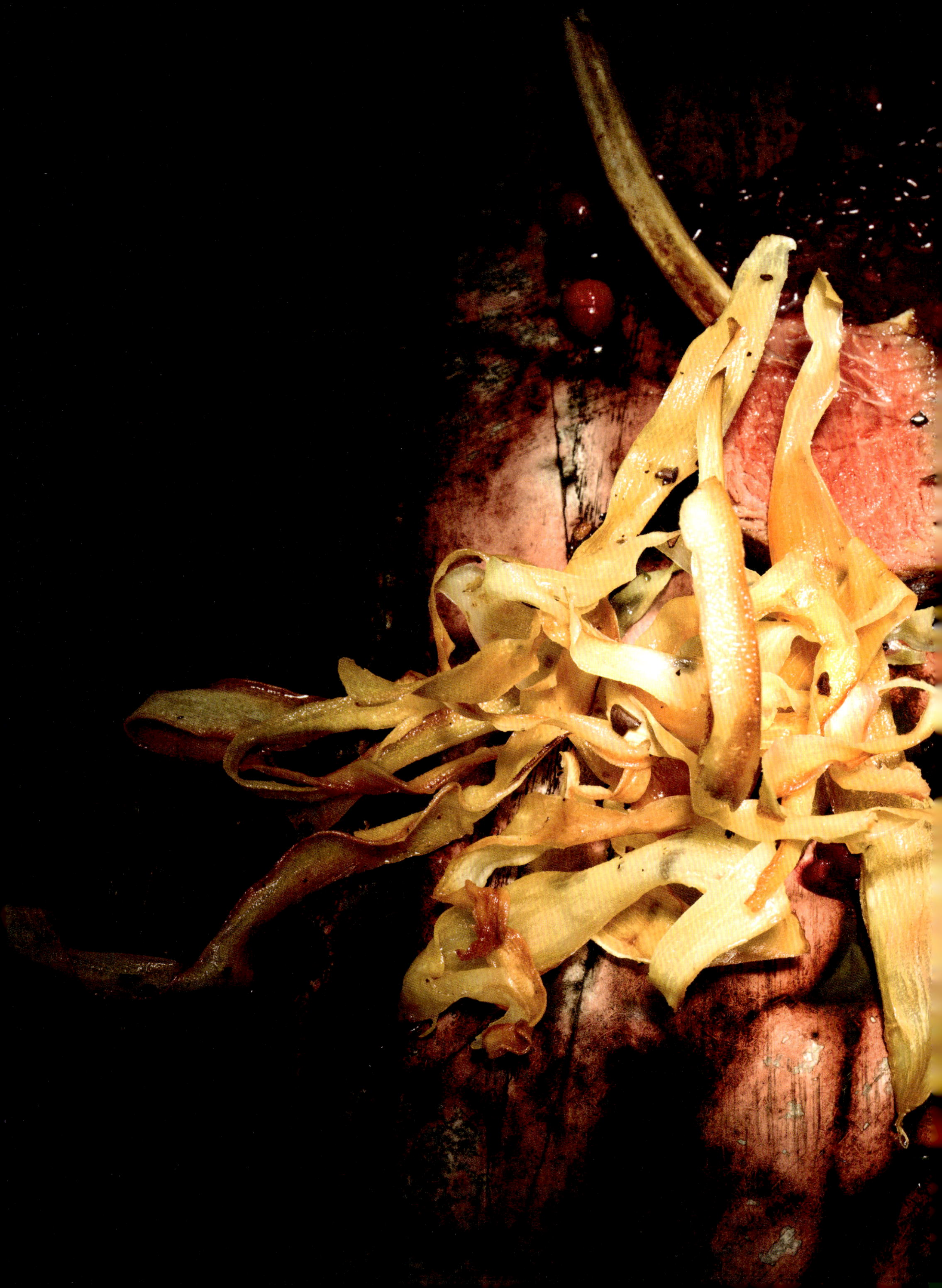

DRACHENKOPF MIT LORBEER UND GRAPEFRUIT-TOMATEN-SALAT

FÜR 2 PERSONEN

FÜR DEN FISCH
1 Drachenkopf (ca. 700 g)
1 TL gelbe Currypaste
6 Lorbeerblätter
600–800 ml neutrales Pflanzenöl zum Frittieren
Meersalz

FÜR DEN GRAPEFRUIT-TOMATEN-SALAT
1 Grapefruit
1 kleine rote Zwiebel
1 Bund Thai-Basilikum
1 Frühlingszwiebel
2 grüne Tomaten
1 rote Chilischote
1 TL Kaffeebohnen
½ TL Koriandersamen
Meersalz
1 EL Limettensaft
1 EL Olivenöl

Für den Fisch den Drachenkopf schuppen, ausnehmen, waschen und trocken tupfen. Dann von beiden Seiten dreimal schräg einschneiden. Currypaste und Lorbeer in die Einschnittstellen drücken.

Für den Salat Grapefruit und Zwiebel schälen und in dünne Scheiben schneiden. Basilikum abbrausen, trocken schütteln und die Blättchen abzupfen. Frühlingszwiebel putzen und in Ringe schneiden. Die Tomaten putzen und in Scheiben schneiden. Chili putzen und fein hacken. Kaffeebohnen und Koriander grob mörsern. Alles in einer Schüssel mischen und mit Salz, Limettensaft und Olivenöl würzen.

Das Öl in einer großen tiefen Pfanne auf 170 °C erhitzen und den Drachenkopf darin von jeder Seite 3–5 Minuten frittieren. Anschließend auf Küchenpapier abtropfen lassen und mit Salz würzen. Den kross gebackenen Drachenkopf mit dem Grapefruit-Tomaten-Salat anrichten.

KANINCHEN, OLIVEN, TOMATEN UND GESCHMORTE ZITRONE

Das Kaninchen waschen und trocken tupfen. Vorderläufe und Keulen ablösen. Leber und Nieren entfernen und das Kaninchen von Sehnen und Fett befreien. Dann den Rücken entlang der Rippenknochen in 4 Stücke teilen. Die Keulen im Gelenk halbieren. Das gesamte Kaninchen mit Salz und Pfeffer würzen und anschließend von allen Seiten mit Mehl bestäuben.

Zwiebel und Knoblauch schälen und in Würfel schneiden. Den Dill abbrausen, trocken schütteln und auseinanderzupfen. Die Zitrone waschen und in ca. 1 cm dicke Scheiben schneiden.

Den Backofen auf 180 °C vorheizen. Zucker in einem Bräter karamellisieren, anschließend die Butter zufügen. Sobald sie aufschäumt, die Kaninchenteile zugeben und von allen Seiten anbraten. Das Fleisch auf einem Teller beiseitestellen. Zwiebel und Knoblauch in den Bräter geben und glasig dünsten. Das Tomatenmark zufügen und kurz anrösten. Mit Weißwein ablöschen und das Kaninchen mit den Zitronenscheiben, Oliven, Kapernäpfeln und gewaschenen Tomaten wieder zugeben. Alles etwas reduzieren lassen, dann die Gemüsebrühe angießen. Den Bräter mit geschlossenem Deckel für ca. 45 Minuten in den Ofen schieben.

Falls die Soße anschließend noch zu dünn ist, alles für ein paar Minuten auf dem Herd ohne Deckel einkochen lassen. Das gegarte Kaninchen mit der Soße, den Kapern, Zitronenscheiben, Oliven und Tomaten anrichten und mit Dill garnieren. Nach Belieben mit Salz und Pfeffer abschmecken.

FÜR 4 PERSONEN

1 Kaninchen (ca. 1,4 kg)
Meersalz
frisch gemahlener Pfeffer
1 EL Mehl
1 Zwiebel
2 Knoblauchzehen
1 kleines Bund Dill
1 Bio-Zitrone
2 EL brauner Zucker
30 g Butter
1 TL Tomatenmark
200 ml trockener Weißwein
12 Kalamata-Oliven
8 Kapernäpfel
10 Kirschtomaten
300 ml Gemüsebrühe

POLENTASCHNITTEN MIT **PAPRIKASALSA** UND GEHOBELTEM **PARMESAN**

FÜR 2 PERSONEN

FÜR DIE POLENTA
250 ml Gemüsebrühe
100 ml Milch
100 g Polentagrieß
20 g geriebener Parmesan
30 g Butter
2 EL Olivenöl

FÜR DIE PAPRIKASALSA
3 rote Paprikaschoten
½ reife Avocado
2 Knoblauchzehen
1 Zweig Rosmarin
1 TL Salzkapern
20 g grob gehackte Erdnüsse
3 EL Rotweinessig
3 EL Olivenöl

AUSSERDEM
Salz
frisch gemahlener Pfeffer
neutrales Pflanzenöl zum Braten
12 Basilikumblättchen
30 g Parmesan (am Stück)
4 EL Olivenöl

Für die Polenta in einem Topf Gemüsebrühe und Milch aufkochen. Polentagrieß einrühren und den Topf vom Herd nehmen. Dann Parmesan, Butter und Olivenöl untermischen und die Polenta mit Salz und Pfeffer würzen. Auf ein flaches Blech streichen und erkalten lassen. Die Polenta anschließend in Stücke schneiden und von beiden Seiten in einer heißen Pfanne mit etwas Öl goldbraun und knusprig braten.

Für die Salsa den Backofen auf 180 °C vorheizen. Die Paprika waschen, trocken tupfen und auf ein Backblech setzen. Für ca. 30 Minuten in den Ofen schieben. Dann herausnehmen und unter kaltem Wasser abspülen, dabei die Haut entfernen. Die Schoten halbieren, von Stielansätzen, Samen und Scheidewänden befreien und fein hacken. Die Avocado und den Knoblauch schälen, Rosmarin abbrausen und trocken schütteln. Avocadofruchtfleisch, Knoblauch, Rosmarinnadeln und Salzkapern ebenfalls fein hacken und mit der Paprika vermengen. Erdnüsse, Essig und Olivenöl untermengen und die Salsa mit Salz und Pfeffer würzen.

Die Polentaschnitten mit der Paprikasalsa anrichten und mit grob gehackten Basilikumblättchen und frisch gehobeltem Parmesan garnieren. Mit Olivenöl beträufelt servieren.

GEBRATENE **RIESENGARNELEN** MIT **TREVISANO** UND **JOHANNISBEEREN**

FÜR 2 PERSONEN

4 Riesengarnelen
1 Ringelbete
Salz
frisch gemahlener Pfeffer
3 EL Rotweinessig
1 Kopf Trevisano (oder eine andere Sorte Radicchio)
2 kleine Rispen Holunderbeeren
30 g Ingwer
1 rote Zwiebel
1 Knoblauchzehe
2 TL Zucker
80 g Butter, gewürfelt
2 Sternanise
100 ml Holunderbeerensaft
2 EL Olivenöl
2 Rispen Johannisbeeren
Saft und Abrieb von 1 Bio-Limette

Die Garnelen von Kopf und Schale befreien, die Rückseiten vorsichtig mit einem Messer einschneiden und den Darm entfernen.

Die Ringelbete schälen und mit einer Mandoline oder einem scharfen Messer in sehr dünne Scheiben schneiden. Die Betescheiben mit Salz, Pfeffer und 1 Teelöffel Essig würzen. Beiseitestellen und ziehen lassen.

Den Salat waschen, längs vierteln und vom Strunk befreien. Die Holunderbeeren waschen und abtropfen lassen. Ingwer, Zwiebel und Knoblauch schälen und in Würfel schneiden. Den Zucker in einer Pfanne karamellisieren, 50 Gramm Butter zugeben und aufschäumen lassen. Sternanise, Salat, und Ingwer zugeben, ca. 1 Minute braten und mit Salz und Pfeffer würzen. Dann mit dem restlichen Essig ablöschen und kurz reduzieren lassen. Holunderbeeren und -saft zugeben und alles ca. 2 Minuten bei niedriger Hitze sämig einkochen.

In einer zweiten Pfanne 1 Esslöffel Öl erhitzen und die Garnelen ca. 2 Minuten pro Seite anbraten. Die Temperatur reduzieren und die restliche Butter, die gewaschenen Johannisbeeren, Knoblauch und Zwiebel zugeben. Alles ca. 1 Minute bei sehr geringer Hitze weiterbraten, dabei vorsichtig durchschwenken. Dann mit Limettensaft ablöschen und mit Limettenabrieb, Salz und Pfeffer würzen.

Die Bete mit dem restlichen Öl vermengen und mit Garnelen, Johannisbeeren, Trevisano, Holunderbeeren und der Soße anrichten.

DANACH

BREAD AND BUTTER PUDDING MIT **JOGHURT** UND KARAMELLISIERTER **ORANGE**

FÜR 4 PERSONEN

200 g Baguette
50 g Butter
400 ml Milch
200 ml Sahne
50 ml Rum
4 Eier
Abrieb von 1 Bio-Orange
Mark von 2 Vanilleschoten
1 Prise Salz
1 TL Zimt
140 g Zucker
30 g Rosinen
3 EL Bitterorangenmarmelade

AUSSERDEM
3 EL Zucker
etwas neutrales Pflanzenöl
3 EL Naturjoghurt
1 TL gemahlener Mohn
1 EL Honig
Saft und -abrieb von 1 Bio-Limette
1 große Bio-Orange
2 EL brauner Zucker
Minzeblättchen zum Garnieren

Den Backofen auf 160 °C vorheizen. Das Baguette in dünne Scheiben schneiden, auf ein Backblech legen und kurz im Ofen anrösten. Die Brotscheiben abkühlen lassen und mit der Butter bestreichen. Den Ofen eingeschaltet lassen.

Milch, Sahne, Rum, Eier, Orangenabrieb, Vanillemark, Salz, Zimt und Zucker in eine Schüssel geben und verrühren. Rosinen untermischen. Die Brotscheiben in eine Auflaufform schichten und mit der Milchmischung übergießen. Alles ca. 5 Minuten ziehen lassen, bis das Brot einen Großteil der Flüssigkeit aufgesaugt hat. Die Form in den Ofen schieben und den Bread and Butter Pudding ca. 45 Minuten backen.

Die Marmelade in einem kleinen Topf erhitzen, bis sie flüssig ist. Den fertig gebackenen Bread and Butter Pudding damit einpinseln.

Für die Garnitur 50 Milliliter Wasser mit dem Zucker in einem Topf zum Kochen bringen und 4 Minuten einkochen lassen. Das entstandene Karamell sollte hellbraune Blasen schlagen. Dann sofort in eine kleine Schüssel umfüllen, damit es nicht nachdunkelt. Das Karamell 5 Minuten auskühlen lassen, bis es zähflüssig wird und sich zu Fäden ziehen lässt. Ein schmales Sektglas mit Öl einreiben und die Fäden drumherum ziehen. Auskühlen lassen und vorsichtig vom Glas entfernen. Die Zuckerfäden erst kurz vor dem Anrichten herstellen, da sie sonst Wasser ziehen, feucht werden und zusammenfallen.

Den Joghurt mit Mohn, Honig, Limettensaft und -abrieb verrühren. Die Orange waschen, in 4 dicke Scheiben schneiden und im braunen Zucker wenden. Eine Pfanne heiß werden lassen und die Orangenscheiben darin ohne Fett kurz scharf anbraten.

Den Pudding mit einem Löffel portionsweise ausstechen und mit den karamellisierten Orangen und der Joghurtsoße anrichten. Mit Minze und Zuckerfäden garnieren.

ERDBEER-TOPFENKNÖDEL MIT BASILIKUM, PEKANNÜSSEN UND VANILLESAHNE

FÜR 2 PERSONEN

FÜR DIE KNÖDEL
1 Vanilleschote
250 g Magerquark
60 g weiche Butter
1 Ei
1 Prise Salz
2 EL Zucker
125 g Mehl
6 Erdbeeren

FÜR DEN SALAT
6 Erdbeeren
etwas Zitronensaft
2 EL Olivenöl
8 Basilikumblättchen
40 g Pekannusskerne

FÜR DIE VANILLESAHNE
300 ml Sahne
2 TL Zucker
Mark von 2 Vanilleschoten

AUSSERDEM
Mehl zum Verarbeiten
60 g Butter
3–4 EL Semmelbrösel
1 EL Puderzucker

Für die Knödel die Vanilleschote aufschlitzen und das Mark auskratzen. Den Magerquark in eine Schüssel geben. Butter, Ei, Salz, Vanillemark und 1 Esslöffel Zucker mit einem festen Schneebesen unterrühren, bis eine homogene Masse entsteht. Das Mehl darübersieben und untermengen. Den Topfenteig auf der leicht bemehlten Arbeitsfläche zu einer länglichen Rolle formen. In Frischhaltefolie wickeln und für 1½ Stunden im Kühlschrank ruhen lassen.

Für den Salat die Erdbeeren putzen und mit Zitronensaft und Olivenöl marinieren. Basilikumblättchen und Pekannüsse untermischen. Für die Vanillesahne Sahne, Zucker und Vanillemark in einer Schüssel aufschlagen, bis die Sahne leicht cremig ist.

Einen großen Topf mit Wasser erhitzen. 1 Esslöffel Zucker und die ausgekratzte Vanilleschote zugeben und alles aufkochen. Die Topfenmasse aus dem Kühlschrank nehmen, in 6 gleich große Stücke schneiden und mit der leicht mehlierten Hand flach drücken. Jeweils 1 geputzte Erdbeere daraufsetzen und den Teig um die Erdbeere herum verschließen. Die Erdbeertopfenknödel ins kochende Wasser geben und den Topf sofort vom Herd nehmen. Die Knödel sollen leicht im Wasser simmern und sind gar, sobald sie an die Oberfläche steigen.

In der Zwischenzeit eine Pfanne mit Butter und Semmelbröseln erhitzen. Die gegarten Knödel mit einem Schaumlöffel in die Butter-Brösel-Mischung geben und vorsichtig schwenken. Die fertigen Knödel noch warm mit Puderzucker bestäuben und mit dem Salat und der Vanillesahne servieren.

GEBACKENE BANANE MIT PEKANNÜSSEN UND INGWER-KARAMELL

FÜR 2 PERSONEN

3 mittelgroße Bananen
60 g Ingwer
1 Stängel Zitronengras
½ Bio-Orange
1 Bio-Limette
80 g brauner Zucker
1 Vanilleschote, aufgeschlitzt
1 Prise Salz
40 g Butter
60 g Pekannusskerne

AUSSERDEM

Vanilleeis zum Servieren

Die Bananen schälen und längs halbieren. Den Ingwer ebenfalls schälen und in dünne Scheiben schneiden. Das Zitronengras waschen, längs halbieren und andrücken. Die Orange und die Limette waschen, trocken tupfen und in dünne Scheiben schneiden.

Den Zucker in einer großen Pfanne karamellisieren. Dann Ingwer, Zitronengras, Vanilleschote, Salz und Butter zugeben. Sobald die Butter geschmolzen ist und das Karamell aufschäumt, die Bananen, Pekannüsse, Limetten- und Orangenscheiben zugeben. Alles kurz karamellisieren lassen, vorsichtig wenden und sofort anrichten.

Die heißen Bananen mit Vanilleeis servieren.

SALZBURGER NOCKERL MIT VANILLE UND GEMISCHTEN BEEREN

Für die Nockerl die Eier trennen. 3 Eigelbe in eine kleine Schüssel geben (die restlichen 2 Eigelbe anderweitig verwenden). Die Eiweiße schaumig rühren, Zucker und Vanillezucker zugeben und alles steif schlagen. Die Vanilleschote aufschlitzen, das Mark auskratzen und untermischen. Die Eigelbe nur kurz mit dem Mehl untermengen, damit der Eischnee nicht zusammenfällt.

Eine ovale Auflaufform mit Butter einfetten, dann mit Zucker ausstreuen. Die Milch erhitzen und die ausgekratzte Vanilleschote zugeben. Dann die Vanillemilch in die Auflaufform gießen.

Den Backofen auf 180 °C vorheizen. Die Eischneemischung glatt streichen, daraus mithilfe einer Teigkarte Nocken formen und in die Auflaufform geben. Die Form in den Ofen schieben und die Salzburger Nockerl in ca. 20 Minuten goldbraun backen.

Währenddessen alle Beeren vorsichtig waschen, trocken tupfen und in eine Schüssel geben. Mit Minze, Puderzucker und Zitronensaft vermengen.

Die fertig gebackenen Nockerl aus dem Ofen nehmen, mit Puderzucker bestäuben und noch heiß mit den gemischten Beeren servieren.

FÜR 2 PERSONEN

FÜR DIE NOCKERL
5 Eier
3 EL Zucker
1 EL Vanillezucker
1 Vanilleschote
1 EL Mehl

FÜR DIE GEMISCHTEN BEEREN
4 Erdbeeren
8 Himbeeren
8 Heidelbeeren
1 Rispe Johannisbeeren
4 Minzeblättchen
1 EL Puderzucker
Saft von 1 Bio-Zitrone

AUSSERDEM
15 g weiche Butter zum Einfetten
Zucker zum Ausstreuen
40 ml Milch
Puderzucker zum Bestäuben

KOKOS-PANNA-COTTA MIT **ERDBEEREN** UND ZITRONENGRAS

FÜR 4 PERSONEN

3 Blatt Gelatine
1 Vanilleschote
1 Stängel Zitronengras
400 ml Kokosmilch
100 ml Sahne
25 g Zucker
3 Kaffirlimettenblätter

AUSSERDEM
300 g Erdbeeren
1 Stängel Minze
1 EL Puderzucker
1 TL Limettensaft
2 kleine Zweige grüner Pfeffer

Die Gelatine in kaltem Wasser einweichen. Die Vanilleschote aufschlitzen und das Mark auskratzen. Das Zitronengras waschen und in feine Ringe schneiden, ein paar Ringe zum Garnieren beiseitelegen. Kokosmilch, Vanillemark, die ausgekratzte Schote, Sahne, Zucker, Kaffirlimettenblätter und Zitronengrasringe in einen Topf geben, aufkochen und einige Minuten leicht köcheln lassen. Dabei öfter umrühren, dann den Topf vom Herd nehmen. Die Gelatine ausdrücken, einrühren und in der Kokosmischung auflösen. Alles durch ein Sieb passieren, in Förmchen füllen und für ca. 4 Stunden im Kühlschrank fest werden lassen.

In der Zwischenzeit die Erdbeeren putzen. Die Minze abbrausen, trocken schütteln und die Blättchen abzupfen. Die Hälfte der Beeren mit dem Puderzucker und dem Limettensaft mischen und mit einem Pürierstab fein mixen, anschließend abgezupften grünen Pfeffer untermengen. Die restlichen Erdbeeren nach Belieben halbieren und in der Soße marinieren.

Die Förmchen kurz in warmes Wasser tauchen, die fertigen Panna Cotta stürzen, mit der Erdbeersoße, den Minzblättchen und den beiseitegelegten Zitronengrasringen anrichten.

SCHOKOLADENCREME, BAISER UND **BROMBEEREN**

4 Förmchen mit Frischhaltefolie auskleiden. Die Sahne cremig schlagen, die Gelatine in kaltem Wasser einweichen. Die Milch in einem kleinen Topf mit Kaffeebohnen, Salz und Butter aufkochen, dann beiseitestellen und ziehen lassen.

Die Schokolade fein hacken und in eine Schüssel geben. Die Milch erneut aufkochen und die ausgedrückte Gelatine darin auflösen. Die Flüssigkeit anschließend durch ein feines Sieb über die gehackte Schokolade gießen und alles glatt rühren. Sobald die Schokolade vollständig aufgelöst ist, vorsichtig die Sahne unterziehen. Die Masse in die Förmchen füllen und ca. 4 Stunden kalt stellen.

Für das Baiser die Eiweiße in eine Schüssel geben und kurz anschlagen, dann den Puderzucker und die Stärke einrieseln lassen und alles kräftig weiter aufschlagen. Sobald das Eiweiß steif ist, den Essig unterrühren.

Die Schokoladencreme stürzen. Das Baiser aufdressieren und kurz mit einem Bunsenbrenner abflämmen. Mit gewaschenen Brombeeren und flüssiger Schokolade garniert servieren.

FÜR 4 PERSONEN

FÜR DIE SCHOKOLADENCREME
125 ml Sahne
1 Blatt Gelatine
75 ml Milch
8 Kaffeebohnen
1 Prise Meersalz
15 g Butter
150 g Bitterschokolade (70 % Kakaogehalt)

FÜR DAS BAISER
2 Eiweiß
40 g Puderzucker
1 TL Speisestärke
1 TL Rotweinessig

AUSSERDEM
125 g Brombeeren
Flüssige Schokolade zum Garnieren

ERDBEER-FEIGEN-SALAT MIT CHILIKARAMELL UND WILDBLÜTEN

FÜR 2 PERSONEN

FÜR DEN SALAT
12 frische Erdbeeren
4 Feigen
1 TL grüne Pfefferkörner
2 EL Olivenöl

FÜR DAS CHILIKARAMELL
2 EL brauner Zucker
100 ml Apfelsaft
Saft von 1 Bio-Limette
1 Schuss Rotweinessig
1 Prise Chilifäden

AUSSERDEM
1 Handvoll Wildblüten nach Belieben
1 Prise Meersalz

Für den Salat Erdbeeren und Feigen waschen, trocken tupfen und halbieren. Mit grünem Pfeffer und Olivenöl marinieren.

Für das Chilikaramell den Zucker in einem Topf flüssig werden lassen. Dann mit Apfelsaft, Limettensaft und Essig ablöschen. Alles ein paar Minuten reduzieren lassen. Die Chilifäden einrühren und das Karamell abkühlen lassen.

Den Erdbeer-Feigen-Salat mit Chilikaramell und Wildblüten anrichten und mit Meersalz bestreut servieren.

BUCHTELN MIT **PFLAUMENMUS** UND BROMBEER-ROSMARIN-HONIG

Für die Buchteln die Butter schmelzen, bis sie halb flüssig ist, dann beiseitestellen. Die Vanilleschote aufschlitzen und das Mark auskratzen, die ausgekratzte Schote beiseitelegen. Das Mehl in eine Schüssel geben und eine kleine Mulde formen. Die Hefe hineinbröseln und mit 1 Esslöffel Zucker und 4 Esslöffel Milch verrühren. Etwas Mehl vom Rand darüberstreuen und den Vorteig für 20 Minuten abgedeckt an einem warmen Ort gehen lassen.

Anschließend die restliche Milch, den übrigen Zucker, Vanillemark, Eier, Orangenabrieb und Salz verrühren und zum Vorteig geben. Die Hälfte der Butter ebenfalls zufügen und alles zu einem glatten Teig verkneten. Falls der Teig zu klebrig ist, noch etwas Mehl einarbeiten. Den Teig abdecken und erneut ca. 30 Minuten gehen lassen. Dann noch einmal durchkneten und 1 cm dick ausrollen. Den Teig in 6 cm große Quadrate schneiden und je 1 Teelöffel Pflaumenmus mittig daraufsetzen. Die Ecken hochziehen und alle offenen Stellen zusammendrücken und verschließen.

Die Buchteln mit der zugedrückten Seite nach unten eng nebeneinander in eine gebutterte Backform setzen. Noch einmal 20 Minuten gehen lassen. Den Backofen auf 180 °C vorheizen. Die Buchteln mit der restlichen Butter bepinseln und ca. 35 Minuten im Ofen backen. Nach der Hälfte der Zeit die Buchteln gleichmäßig mit braunem Zucker bestreuen.

Den Honig in einem Topf kräftig erhitzen und die Butter, die ausgekratzte Vanilleschote, Rosmarinnadeln und Lorbeer zugeben. Sobald die Butter geschmolzen ist, die gewaschenen Brombeeren zufügen und ca. 1 Minute glasieren und erhitzen. Den heißen Brombeer-Rosmarin-Honig über die fertig gebackenen Buchteln gießen und alles lauwarm servieren.

FÜR 4–6 PERSONEN

FÜR DIE BUCHTELN
200 g Butter
1 Vanilleschote
500 g Mehl plus ggf. etwas mehr
30 g Frischhefe
30 g Zucker
250 ml lauwarme Milch
2 Eier
Abrieb von 1 Bio-Orange
1 Prise Salz
200 g Pflaumenmus
ca. 2 EL brauner Zucker

FÜR DEN BROMBEER-ROSMARIN-HONIG
3 EL Waldhonig
30 g Butter
1 Zweig Rosmarin, die Nadeln abgezupft
3 frische Lorbeerblätter
125 g Brombeeren

AUSSERDEM
Butter für die Form

KAISERSCHMARRN UND KARAMELLISIERTE GEWÜRZÄPFEL

FÜR 2 PERSONEN

FÜR DEN KAISERSCHMARRN
4 Eier
20 g Zucker
1 EL Vanillezucker
1 Prise Salz
170 ml Milch
2 EL Rum
70 g Mehl
20 g Rosinen
2 EL Butter
2 EL brauner Zucker
1 EL Puderzucker

FÜR DIE GEWÜRZÄPFEL
2 EL Zucker
500 ml Apfelsaft
Saft und Abrieb von 1 Bio-Zitrone
1 Vanilleschote
1 TL zerstoßener schwarzer Pfeffer
1 TL Kardamomsamen
2 Sternanise
1 Zimtstange
3 Kaffirlimettenblätter
2 Nelken
1 TL Speisestärke
2 Äpfel, geschält, entkernt und in Spalten

Für den Kaiserschmarrn die Eier trennen. Eigelbe mit Zucker, Vanillezucker und Salz in einer Schüssel cremig schlagen. Währenddessen nach und nach die Milch und den Rum zugeben. Das Mehl sieben und langsam unterarbeiten. Die Eiweiße steif schlagen und mit den Rosinen vorsichtig unter die Teigmasse heben.

Den Backofen auf 180 °C vorheizen. 1 Esslöffel Butter in einer ofenfesten Pfanne erhitzen. Den Teig hineingeben, langsam am Rand stocken lassen und die Pfanne in den Ofen schieben. Sobald der Teig nach ein paar Minuten fest gestockt ist, vorsichtig wenden. Dann für weitere 5–6 Minuten im Ofen backen, bis der Teig aufgegangen ist. Herausnehmen und den Schmarrn mithilfe von zwei Gabeln noch in der Pfanne zerreißen. Auf einen Teller geben.

In der noch heißen Pfanne den braunen Zucker schmelzen. Die restliche Butter zufügen und den Kaiserschmarrn wieder in die Pfanne geben. Für ein paar Minuten durchschwenken.

Währenddessen für die Gewürzäpfel Zucker in einer zweiten Pfanne karamellisieren und mit Apfelsaft ablöschen. Zitronensaft und -abrieb zugeben. Die Vanilleschote aufschlitzen, das Mark auskratzen und mit der Schote und den übrigen Gewürzen ebenfalls zugeben. Alles ein paar Minuten kochen lassen. Die Stärke mit etwas kaltem Wasser anrühren und den Gewürzfond damit leicht binden. Die Apfelspalten in die Pfanne geben und für 2–3 Minuten bei geringer Hitze köcheln lassen.

Den noch warmen Kaiserschmarrn mit Puderzucker bestäuben und mit den Gewürzäpfeln servieren.

BIRNEN MIT SAFRAN-CHILI-SIRUP UND JOHANNISBEEREN

Die Vanilleschote aufschlitzen und das Mark auskratzen. Das Vanillemark mit der ausgekratzten Schote, Kardamom, Zucker, Safran, Chilifäden, Lorbeer, Weißwein, Salz und Zitronensaft in einen Topf geben und alles zum Köcheln bringen.

Die Birnen schälen und zugeben, sie sollten mit der Flüssigkeit bedeckt sein. Unter ständigem Wenden ca. 20 Minuten leicht köcheln lassen, bis die Birnen gar sind.

Die Birnen aus dem Topf nehmen und den Fond sirupartig einkochen lassen, dabei die kalte Butter einrühren. Den Sirup abkühlen lassen und die Birnen mit den gewaschenen Johannisbeeren wieder zugeben und glasieren. Mit Minze garnieren und nach Belieben mit Crème fraîche oder Vanilleeis servieren.

FÜR 2 PERSONEN

1 Vanilleschote
4 Kardamomkapseln, die Samen ausgelöst
80 g Zucker
0,1 g Safranfäden
½ TL Chilifäden
2 frische Lorbeerblätter
400 ml trockener Weißwein
1 Prise Salz
1 EL Zitronensaft
2–4 feste Birnen
30 g kalte Butter, gewürfelt
125 g Johannisbeeren

AUSSERDEM

2 Stängel Minze zum Garnieren
Crème fraîche oder Vanilleeis zum Servieren

MOUSSE AU CHOCOLAT MIT CHILI UND **CLEMENTINEN**

FÜR 4 PERSONEN

FÜR DIE MOUSSE

150 g Zartbitterkuvertüre (70 % Kakaogehalt)
1 Ei
2 Eigelbe
1 EL Zucker
½ rote Chilischote
2 Prisen Meersalz
300 ml Sahne

FÜR DIE CLEMENTINEN

4 Clementinen
1 Vanilleschote
3 EL brauner Zucker
1 Zimtstange
2 frische Lorbeerblätter
1 Sternanis
Abrieb von ½ Bio-Zitrone
500 ml Apfelsaft
1 TL Speisestärke

AUSSERDEM

Schokoladenröllchen und Chiliflocken zum Garnieren

Für die Mousse die Kuvertüre hacken und über dem heißen Wasserbad schmelzen. Währenddessen Ei, Eigelbe und Zucker ebenfalls über einem heißen Wasserbad mit einem Schneebesen cremig schlagen. Dann vom Herd nehmen. Die Chili putzen, von Samen befreien und sehr fein hacken.

Die flüssige Kuvertüre mit Salz und Chili unter die Eimasse rühren. Die Sahne steif schlagen und zunächst ein Drittel davon ebenfalls unterrühren. Den Rest der Sahne vorsichtig unterheben. Die Mousse in eine Schüssel füllen, mit Frischhaltefolie abdecken und für ca. 6 Stunden in den Kühlschrank stellen.

Die Clementinen schälen, dabei die weißen Häutchen mit einem kleinen Messer entfernen. Die Vanilleschote aufschlitzen und das Mark auskratzen. Den Zucker in einem Topf karamellisieren und Zimt, Lorbeer, Sternanis, Zitronenabrieb, Vanillemark und die ausgekratzte Schote zugeben. Mit Apfelsaft ablöschen und kurz köcheln lassen. Die Stärke mit etwas kaltem Wasser anrühren und den Gewürzfond damit binden. Alles weitere 10 Minuten bei geringer Hitze köcheln lassen.

Anschließend den heißen Gewürzfond über die Clementinen gießen und auskühlen lassen. Aus der Mousse au Chocolat mit einem Löffel Nocken ausstechen und diese mit den Clementinen anrichten. Mit Schokoladenröllchen und Chiliflocken garnieren.

KLEINE **PAVLOVAS** MIT **HIMBEEREN** UND **ZITRONENMELISSE**

Für die Pavlovas den Backofen auf 100 °C vorheizen. Die Eiweiße mit Zitronensaft und Salz in einer Schüssel schaumig rühren. Nach und nach Puderzucker und Stärke zugeben und alles auf höchster Stufe sehr steif schlagen. Aus der Baisermasse mit einem Löffel Nocken abstechen und auf einem mit Backpapier ausgelegten Blech verteilen. In jede Nocke eine kleine Mulde drücken und die Pavlovas ca. 2 Stunden backen.

In der Zwischenzeit für die Füllung den Zucker in einem Topf karamellisieren und mit Apfelsaft ablöschen. Die Vanilleschote aufschlitzen und das Mark auskratzen. Das Vanillemark beiseitestellen, die ausgekratzte Schote mit Zitronenabrieb und Butter in den Topf geben. Alles so lange köcheln lassen, bis die Butter komplett geschmolzen und der Fond leicht gebunden ist.

Himbeeren waschen und trocken tupfen, Johannisbeeren waschen, trocken schütteln und von den Rispen streifen. Die Beeren in eine Schüssel geben, mit dem heißen Fond übergießen und vorsichtig vermengen.

Den Frischkäse mit Vanillemark und etwas Zitronensaft verrühren und in die ausgekühlten Pavlovas füllen. Die marinierten Beeren daraufgeben und alles mit Zitronenmelisse garnieren.

FÜR 4 PERSONEN

FÜR DIE PAVLOVAS
4 Eiweiß
1 TL Zitronensaft
1 Prise Salz
160 g Puderzucker
1 TL Speisestärke

FÜR DIE FÜLLUNG
2 EL Zucker
200 ml Apfelsaft
1 Vanilleschote
Abrieb von 1 Bio-Zitrone
30 g Butter
125 g Himbeeren
4 Rispen Johannisbeeren
200 g Frischkäse
etwas Zitronensaft

AUSSERDEM
Zitronenmelisse zum Garnieren

KNUSPRIGE **TARTE** MIT **LIMETTEN-** UND **ZITRONENFÜLLUNG**

FÜR 1 SPRINGFORM (Ø 26 CM)

FÜR DEN BODEN
125 g weiche Butter
100 g Puderzucker
1 Prise Salz
250 g Mehl
2 Eigelb
2 EL kalte Milch oder kaltes Wasser
1 Eiweiß, mit etwas Wasser vermischt

FÜR DIE FÜLLUNG
170 g Zucker
4 große Eier
175 ml Sahne
100 ml Limettensaft
60 ml Zitronensaft
Abrieb von ½–1 Bio-Limette nach Belieben

AUSSERDEM
Mehl zum Bearbeiten
Butter für die Form
4–5 EL brauner Zucker

Für den Boden die Butter mit Puderzucker und Salz cremig rühren. Mehl und Eigelbe zugeben und nur so lange untermischen, bis ein krümeliger Teig entsteht. Milch oder Wasser zufügen und alles zügig glatt kneten. Den Teig mit Mehl bestäuben und zu einer Kugel formen, in Frischhaltefolie wickeln und für 1 Stunde im Kühlschrank ruhen lassen.

Den Backofen auf 180 °C vorheizen. Den Boden der Springform mit Backpapier auslegen, den Rand mit Butter einfetten. Den Teig auf der leicht bemehlten Arbeitsfläche ca. 5 mm dick zu einem Kreis ausrollen und in die Springform legen. Dabei einen Teigrand formen. Den Boden mehrfach mit einer Gabel einstechen und mit der Eiweißmischung bepinseln. Die Form in den Ofen stellen und den Teig in ca. 10 Minuten goldbraun backen.

Für die Füllung Zucker und Eier schaumig schlagen, dann die Sahne und den Limetten- und Zitronensaft vorsichtig unterrühren. Nach Belieben Limettenabrieb zugeben. Die Füllung vorsichtig auf den Boden gießen und die Tarte zurück in den Ofen schieben. Für weitere 40–45 Minuten backen, bis die Füllung fest ist. Vor dem Servieren vollständig auskühlen lassen. Die Tarteoberfläche gleichmäßig mit braunem Zucker bestreuen und mit einem Bunsenbrenner karamellisieren (alternativ für ein paar Minuten unter den heißen Backofengrill schieben).

FRUCHTIGER **CRUMBLE** MIT SÜSSEN **GEWÜRZKIRSCHEN**

Für den Crumble die Kirschen waschen, abtropfen, putzen und entsteinen. Die Butter mit Mehl, Salz und Zucker mischen und den Teig zu gleichmäßigen Streuseln verkneten. Für ca. 15 Minuten abgedeckt kalt stellen.

Den Backofen auf 180 °C vorheizen. Eine Auflauf- oder Quicheform mit Butter ausstreichen. Die Kirschen einfüllen und die Streusel darauf verteilen. Den Crumble 25–30 Minuten im Ofen backen.

Für die Gewürzkirschen den Zucker in einer Pfanne karamellisieren. Dann mit Sherry und Kirschsaft ablöschen und den Fond mit Salz und Zimt würzen. Die Kirschen waschen, abtropfen, putzen und entsteinen. In den Gewürzfond geben und für ein paar Minuten einkochen.

Den noch warmen Crumble mit den Gewürzkirschen servieren.

FÜR 2–4 PERSONEN

FÜR DEN CRUMBLE
200 g Süßkirschen
50 g weiche Butter
100 g Mehl
1 Prise Salz
50 g Zucker

FÜR DIE GEWÜRZKIRSCHEN
2 EL brauner Zucker
100 ml Sherry
70 ml Kirschsaft
1 Prise Salz
1 TL Zimt
100 g Süßkirschen

AUSSERDEM
Butter für die Form

GEEISTE **WEINTRAUBEN** MIT **KAFFEE-ESPUMA**

FÜR 2 PERSONEN

1 Blatt Gelatine
150 ml heißer Espresso
1 EL Zucker
1 Prise Zimt
80 ml Sahne

AUSSERDEM

Sahnesyphon (500 Milliliter Fassungsvermögen) mit Sahnekapsel
1 Rebe reife süße Weintrauben
1 TL Kaffeebohnen
2 essbare Rosenblüten

Die Gelatine in Eiswasser einweichen. Den Espresso in eine Schüssel geben und die gut ausgedrückte Gelatine sowie Zucker und Zimt darin unter Rühren auflösen. Die Mischung beiseitestellen und abkühlen lassen.

Dann die Sahne unterrühren und alles in den Sahnesyphon füllen. Die Sahnekapsel aufschrauben, alles kräftig schütteln und für ca. 4 Stunden in den Kühlschrank stellen.

In der Zwischenzeit die Weintrauben waschen, gründlich abtropfen und für 1–2 Stunden im Tiefkühlfach anfrieren lassen. Sie sollen nicht komplett durchgefroren sein. Die Kaffeebohnen im Mörser leicht zerstoßen.

Den Espuma mit den Trauben anrichten und mit Kaffee und Blütenblättern garnieren.

GERMKNÖDEL MIT GEMAHLENEM **MOHN**

FÜR 4 PERSONEN

70 g Butter
1 Vanilleschote
250 g Mehl
15 g Frischhefe
40 g Zucker
120 ml lauwarme Milch
1 Ei
Abrieb von 1 Bio-Orange
1 Prise Salz
4 EL Pflaumenmus
50 g gemahlener Mohn
30 g Puderzucker

AUSSERDEM

Mehl zum Bearbeiten
Butter zum Einfetten
Vanillesoße zum Servieren

Die Butter schmelzen, bis sie halb flüssig ist, dann beiseitestellen. Die Vanilleschote aufschlitzen und das Mark auskratzen, die ausgekratzte Schote beiseitelegen. Das Mehl in eine Schüssel geben und eine kleine Mulde formen. Die Hefe hineinbröseln und mit 1 Esslöffel Zucker und 4 Esslöffel Milch verrühren. Etwas Mehl vom Rand darüberstreuen und den Vorteig für 20 Minuten abgedeckt an einem warmen Ort gehen lassen.

Anschließend die restliche Milch, den übrigen Zucker, Ei, Vanillemark, Orangenabrieb und Salz verrühren und zum Vorteig geben. Die Hälfte der Butter ebenfalls zufügen und alles zu einem glatten Teig verkneten. Falls der Teig zu klebrig ist, noch etwas Mehl einarbeiten. Den Teig abdecken und erneut ca. 30 Minuten gehen lassen.

Den Teig auf der leicht bemehlten Arbeitsfläche in 4 Stücke teilen und jedes Teigstück flach drücken. Je 1 Esslöffel Pflaumenmus mittig daraufsetzen. Die Seiten hochziehen und zuklappen, dabei gut andrücken. Die Germknödel mit der Nahtseite nach unten auf die Arbeitsfläche legen und abgedeckt erneut 15 Minuten gehen lassen.

In der Zwischenzeit etwas Wasser in einem großen Topf aufkochen lassen und einen mit Butter eingefetteten Dampfkorb hineinsetzen. Der Korb sollte das Wasser nicht berühren. Die Knödel nebeneinander in den Korb setzen. Den Topf verschließen und die Germknödel ca. 15 Minuten dämpfen. Dabei den Topfdeckel nicht abnehmen, da die Knödel sonst zusammenfallen würden.

Die restliche Butter mit der ausgekratzten Vanilleschote erhitzen. Mohn und Puderzucker in einer kleinen Schüssel vermischen. Die fertig gegarten Germknödel mit der flüssigen Butter übergießen und mit der Puderzucker-Mohn-Mischung bestreuen. Mit Vanillesoße servieren.

Register

Jan Kornstaedt (Mitte) hat Kommunikationsdesign an der Folkwang Hochschule in Essen studiert. Als selbstständiger Fotograf arbeitet er von Hamburg aus für internationale Werbeagenturen und Verlage. Mit seiner Frau und seinen drei Kindern lebt er auf dem Land.
Torsten Schmidt (links) und Raik Holst (rechts) haben ihr Handwerk in den besten Restaurants an der Alster gelernt. 2002 folgte mit Gastraum 4 Experiment der Schritt in die Selbstständigkeit. Fast 10 Jahre haben sie ihre Besucher mit kulinarischen Erlebnissen der besonderen Art erfreut. Die Erfahrungen von damals sind heute eine unerschöpfliche Quelle der Inspiration für ihre Arbeit als Food-Stylisten und Rezeptentwickler. Einmal jährlich begeistern sie außerdem als Root Amp Kitchen mit einem rockigen Menü der Extraklasse.

5 4 3 2 1 20 19 18 17 16
978-3-88117-104-5

Fotografie: Jan Kornstaedt
Malerei/Untergründe: Jan Kornstaedt
Rezepte, Foodstyling und Küche: Raik Holst, Torsten Schmidt
Redaktion: Lisa Frischemeier
Lektorat: Christin Geweke
Covergestaltung, Layout, Satz und Litho: PPP Pre Print Partner GbmH & Co. KG, Köln

www.hoelker-verlag.de